上念 司

経済で読み解く明治維新

江戸の発展と維新成功の謎を「経済の掟」で解明する

JN216400

KKベストセラーズ

まえがき　～世界最強の〝江戸経済〟はなぜ幕府を救えなかったのか

私が「明治維新」について関心を持つきっかけになったのは、多くの方がそうであったように、司馬遼太郎の小説『竜馬がゆく』です。中学校三年生のときに国語の先生に借りて全巻読破したことを覚えています。

私が本を返しに行くと、国語の先生は読後の感想を聞きたがりました。おそらく、「竜馬の生き方に感動した」とか、「竜馬みたいにスケールの大きい男になりたい」という「ストレートな感動」を期待されていたのでしょう。もちろん、この先生も坂本龍馬（小説では「竜馬」）の大ファンでした。

しかし、そのときの私の感想は先生の期待を大きく裏切るものでした。率直なところ、この小説は途中で終わっていると感じました。当時、中三だった私の読解力が低かったせいもあるかと思いますが、坂本龍馬がいったい何をやったのか最後までよくわからなかったのです。

もちろん、当時空気を読む優等生だった私は、そんなこと先生には言えません。先生を悲しませたくなかった私は、何か適当なことを言ってお茶を濁したように記憶しています。

その次に私が明治維新に触れたのはたぶん社会人になってから、中央大学・辞達《じだつ》学会（弁論部）の同級生である小池君に薦められた津本陽氏の小説です。

中でも、新選組を題材にした『虎狼は空に』はとても面白くてハマりました。津本氏は剣道有段者なので、戦闘の描写がとても優れていたことを記憶しています。

特に「鳥羽伏見《とばふしみ》の戦い」に敗れて撤退するラストシーンが、当時の私の心に突き刺さりました。


「どうだ、斎藤。俺たちがもう一度京都へ戻れると思うか」

永倉が聞くと、斎藤は首をかしげた。

「わからんな、いったん大坂へ戻って、大樹公（慶喜《よしのぶ》）が先頭に立って出てこられるなら勝てるかもしれぬが」

永倉は笑った。

「だめだ、だめだ。慶喜が出てきたところで、いまの幕府勢は烏合《うごう》の衆だ。死にものぐるいの薩長の奴らと戦えば、また負けるさ。長州征伐の二の舞だよ。どうやら俺たちは負け犬になったようだな。どうあがいても目は出ないようだが、俺は納得がゆくまでやってみるぜ」

「俺もやるさ」

斎藤が歯なみをみせた。

「人間の一生は、死ねばおしまいだ。どうせ山より大きい猪は出ないよ。京都で五年のあいだ、おもしろい目をみてきたんだ。いまさら命に未練はない」

「うむ、俺たちは侍だからな」

二人は一気に酒をのみほし、立ち上がった。沸き立つ銃声が、山麓《さんろく》に迫っていた。

(津本陽『虎狼は空に――小説新選組』文春文庫)


この斎藤一《さいとうはじめ》と永倉新八《ながくらしんぱち》の会話は、おそらく作者の津本陽氏の創作と思われます。しかし、仮に史実ではなかったとしても、なぜ江戸幕府が薩長の同盟軍に敗れ去ったのかを端的に説明する完璧な表現だと思います。幕末の歴史に精通した津本氏ならではのいい仕事です。

ちなみに、当時私はこのラストシーンに感動し、「人生を悔いのないように生きよう、何でも全力で取り組もう」と本気で思いましたが、江戸幕府の滅亡の理由をコンパクトに説明しているという点については完全にスルーしてしまいました。

さて、若いころの浅学な私は放っておいて、「だめだ、だめだ。慶喜が出てきたところで、いまの幕府勢は烏合の衆だ」という永倉の絶妙なセリフについて考えてみましょう。これこそが、まさに当時の幕府の状況そのものなのです。

鳥羽伏見の戦いの時点では、薩長の同盟軍よりも幕府軍のほうが3倍の兵力がありました。ところが、幕府軍の総司令官である徳川慶喜はその「力」の使い方を知りませんでした。これこそが、江戸幕府が滅びた原因なのです。

江戸時代、日本経済は飛躍的な発展を遂げました。貨幣制度、物流システム、市場経済、保険や金融の分野まで、どれひとつとっても当時のヨーロッパ諸国に負けていませんでした。いや、むしろ金融の分野では日本のほうが圧倒的に進んでいました。

ヨーロッパでやっと金本位制による貨幣経済が勃興した頃、日本は銀貨への刻印や預かり証による管理通貨制に近い仕組みを構築していました。先物取引、為替、保険業などは、ITが発達していない点を除けば、現代と比べても遜色ないレベルだったのです。

しかし、江戸幕府はこの「経済力」を生かし、厳しい国際政治の世界に打って出ることをしませんでした。いや、正確に言えばその力を使おうとした人が何人かはいたのですが、そういう人が死去したり、権力闘争によって失脚したりすると、その後に権力の座に就いた人が愚かな「揺り戻し」政策を実施したのです。江戸時代260年間を通じて、こういった三歩進んで二歩下がるような試行錯誤が繰り返されました。

そんな悠長なことをやっているうちに、ある時点を境として幕府は当事者能力を失います。永倉の言うところの「烏合の衆」になってしまったのです。風雲急を告げる国際政治はそんな幕府の都合なんて考えてくれません。これは当然と言えば当然のことでした。そして、これこそが明治維新が起こった理由です。

最初に「正解」を言ってしまいました――。

「唯物史観」ではなく、「経済の掟」で歴史を読み解く

維新の前後で何が違うかと言えば、それは試行錯誤を繰り返す「スピード」の違いです。実は、幕藩体制という制度自体に、試行錯誤のフィードバックループを妨げる、ある欠陥が内包されていたのです。

この点については本文に詳しく書きましたのでぜひお読みください。マルクス主義的な「唯物史観」が見え隠れする日本の歴史教科書には絶対に書かれない〝衝撃の事実〟が満載です。

マルクス主義者にとって、歴史は「発展」に向けた一方通行でなければいけません。彼らは歴史も「進化」すると考えているからです。その教えを日本の歴史に無理やり当てはめた場合、明治維新は中途半端な市民革命のポジションになってしまいます（これについてはマルクス主義者のなかでも諸説ありますが、あえて丸めます）。

仮に、明治維新が市民革命だというこじつけを起点として考えると、江戸時代は諸侯と農民が対立する暗黒時代でなくては困ります。江戸時代が豊かであっては困るし、年貢が思ったより軽くてもダメ。農民が市場価格を見ながら生産調整して大儲けを狙ってもダメだし、ましてや船頭の見習いが廻船業を起業して大名を凌《しの》ぐような大金持ちになってもいけないのです。

マルクス主義者にとって、江戸時代は、厳しい身分制度、差別、年貢、そして役人の腐敗と大商人の搾取などによって国民の8割以上を占める農民が苦しんでいたという「貧農史観」がどうしても必要でした。私たちが「歴史の時間に習う江戸時代」がまさにこれです。

ちなみに、当初「貧農史観」を欲したのは新政府です。目的は「御一新」と新政府による〝統治の正当性〟を国民に喧伝し、浸透させることでした。何を隠そう「貧農史観」とは、新政府を「産みの親」、マルクス主義者を「育ての親」とする、ある種の〝自虐史観〟だったのです。

もちろん、こんな自虐史観を丸暗記したところで、「明治維新がなぜ起こったのか」という疑問に答えてくれるはずもありません。そんなつまらない歴史教育をしているから、『竜馬がゆく』を読んでも何も感じない、私のような子供が大量生産されてしまうのでしょう。

大人になって経済の勉強をして、私はやっとこの自虐史観から解放されました。やはり、「経済の掟」というフレームワークは時代を超えて客観的に適用できる便利な〝モノサシ〟だと思います。

＊

本書は、明治維新の前史である江戸時代に「経済の掟」という〝モノサシ〟を当てることで、歴史を見直す試みです。

未だに多くの人が歴史教科書の自虐史観に捉《とら》われる日本において、経済という切り口は脱洗脳のための極めて有効なツールであると確信しました。そもそも、私自身の洗脳を解いてくれたのも経済だったわけですから――。

日本人が日本の歴史を知らないということは悲劇以外の何物でもありません。
本書が読者のみなさまにとって、改めて日本の歴史を知るきっかけとなれば幸いです。ぜひ最後までお読みください。

上念 司

経済で読み解く 明治維新

江戸の発展と維新成功の謎を「経済の掟」で解明する

◎目次

第2章　なぜ江戸幕府はいつも「財政難」なのか?

Ⅰ　江戸幕府の懐具合

Ⅱ　「成長重視派」VS.「財政規律派」

第二部　資本主義を実践していた「大名」と「百姓」

第3章　大名と百姓のビジネス

II

薩摩と長州の藩政改革

※本書の引用部分につきまして、原文の記述を損なわない範囲で一部要約した箇所があります。また、旧仮名遣い及び旧漢字も新仮名遣いおよび新漢字に変更した箇所があります。
※敬称につきまして、一部省略いたしました。役職は当時のものです。
※本書では文脈に応じて、「大東亜戦争」「支那」の用語を使っています。
※本書では、「インフレーション」を「インフレ」、「デフレーション」を「デフレ」と表記しています。

第一部 飛躍的に発展していた「江戸時代の経済」

第1章 「貧農史観」を捨てよ！

「明治維新」を「経済」で読み解く場合、その前史である江戸時代について知る必要があります。ところが、私たちが歴史教育で植え付けられた江戸時代のイメージは、「年貢《ねんぐ》」「悪代官」「越後屋」といった極めて断片的なものでしかありません。

学校の授業では、こういった江戸の〝後進性〟を、明治維新が打破したかのように教わりました。しかし、これは事実ではありません。

むしろ、江戸時代において日本経済は飛躍的に発展していました。明治維新は政治体制の変化という点では画期的な出来事かもしれませんが、経済の発展という点から見れば〝江戸時代の延長〟でしかないのです。維新の成功は「江戸の蓄積」があったからでした――。

それでは、「江戸の蓄積」とはいったい何だったのか？

この点について、第一部では主に江戸幕府の行った「マクロ経済政策」を中心に解説していきます。

Ⅰ　絶対に笑ってはいけない、歴史教科書24時

本当に「農民」は貧しかったのか

日本人の多くが江戸時代に対して持っているイメージは、学校教育とテレビや映画の時代劇によって完全に固まっています。そのイメージを一言で言うと、「貧農史観」です。私はこの言葉を、学習院大学名誉教授の大石慎三郎先生の著作を通じて知りました。

典型的な「貧農史観」は、白土三平《しらとさんぺい》の漫画『カムイ伝』であり、『サスケ』であり、TBSドラマ「水戸黄門」に毎回登場する悪代官と越後屋みたいなものです。

現在、中学校で使われている教科書には次のように書かれています。

【村と百姓】

百姓は、全人口の約85％を占め、生活は自給自足に近いものでした。百姓には、土地を持つ本百姓と土地を持たず小作を行う水のみ百姓との区別があり、有力な本百姓は、庄屋（または名主）や組頭、百姓代などの村役人になり、村の自治をになうとともに年貢を徴収して領主に納めました。〈中略〉

幕府は安定して年貢を取るため、土地の売買を禁止したり、米以外の作物の栽培を制限するなどの規制をしました。また、五人組の制度をつくり、犯罪の防止や年貢の納入に連帯責任を負わせました。

（『新しい社会 歴史〈平成26年版〉』東京書籍／p106～107）

この教科書では、上記に続いて「厳しい身分による差別」「貿易振興から鎖国へ」というネガティブな記述が続きます。ところが、その次には「農業や諸産業の発達」として、新田開発や商工業の発達と菱垣廻船《ひがきかいせん》など海運業の発展というポジティブな内容が続きます。

「人々は厳しい身分差別を受け、幕府は鎖国なんて閉鎖的な政策をやっているのに、なんで経済が発展するの？」とここで疑問に思うのがふつうです。しかし、大抵の中高生はここをスルーします。私もかつてはそうでした。

改めて読み直してみても、これって変ですよね。「江戸時代は自給自足の百姓が人口の85％を占めていたにもかかわらず、なぜ商工業が発達して海運業が繁盛していたのか？」、新田開発というのは農業だからなんとなく百姓につながるとしても、新田が開発されれば食料は増産されることになるので国は豊かになるはずです。

しかし、豊かになるどころか、厳しい年貢と差別に百姓は苦しんでいたことになっています。白土三平の漫画や水戸黄門などの時代劇では、農民はいつでも搾取《さくしゅ》されて苦しんでいますから、そのように思われても仕方のないことです。

ところが教科書によると、江戸時代が始まって100年弱の17世紀末にはド派手な「元禄文化」が栄えたと書いてあります。歌舞伎が大流行したり、井原西鶴《いはらさいかく》や近松門左衛門の作品に人々が熱狂したりするわけです。前出の中学歴史教科書には、次のように書いてあります。

京都や大坂を中心とする上方では、都市の繁栄を背景に、経済力を持った町人をにない手とする新しい文化が栄えました。（元禄文化）〈中略〉
食事は1日3食がふつうになりました。また、正月の雑煮《ぞうに》や七草、節分の豆まき、ひな祭り、こいのぼり、盆踊りなどの年中行事が庶民にも広まりました。

（前掲書／P115）

なんかずいぶん最初の解説のときと雰囲気が違います。100年弱の間にものすごく経済発展しているような気がするのですが、気のせいでしょうか……。また、いま私たちが日本の伝統文化だと思っている年中行事はこの頃広まったそうです。

「庶民」に広まったと教科書には書いてありますが、そこには当時の人口の85%を占めていた「百姓」は含まれているのでしょうか。この辺りの記述は極めてあいまいですが、含んでいると解釈したほうが話の前後の辻褄《つじつま》が合います。

だとすると、当時の百姓は江戸時代当初の苦しい時代から経済が発展して祝日や祭りを楽しんだりする余裕ができたということになります。いったい何が問題なのでしょうか。

歴史教科書には矛盾が満載！

ところが、教科書の記述はこれでは終わりません。空前の好況からある日突然、幕府は「財政難」に陥ってしまうのです。
東京書籍の教科書では、115ページで豊かになった江戸の社会について解説しつつ、次のページでは「享保《きょうほう》の改革と社会の変化」について述べています。冒頭にはこんな記述があります。

1716（享保元）年に徳川吉宗が第8代将軍になったとき、幕府は財政難に苦しんでいました。

（前掲書／P116）

「おいおい！　これはいったいどうしたことだ！　ついさっきまで元禄文化が栄華を極めていたのに、いきなり財政難かよ!!」って、ツッコミを入れたくなった人はいませんか。頭のいい中学生ならさすがにここで気づくことでしょう。
しかし学校教育では、こういった教科書のツッコミどころに対するまともな質問を許しません。受験には関係ないからです。でも、やっぱりこれっておかしいですよね。
論理的に考えてみましょう。日本中が好景気に沸けば、それだけ年貢もたくさんゲットできます。現在の言葉で置き換えるなら、「好況によって名目GDPが増加すれば、税率がそのままでも税収が増える」ということです。なぜなら、税収は次のような単純な掛け算で表すことができるからです。

税収＝名目GDP×税率

もし、元禄時代に経済が絶好調なら、それだけたくさんの年貢が幕府には転がり込んできたはずです。ところが、この教科書では元禄時代が終わると、突然財政難になってしまいます。

財政難が事実だとするなら、①名目GDPの成長に大ブレーキがかかる事件が起きたか、②幕府の徴税機能が著しく低下してしまったか、③その両方が同時に起きたか、のいずれかになるはずです（実は、②の「徴税機能」には江戸幕府成立当初から構造的な問題があったことは後ほど明らかにします）。

ところが、歴史教科書にはその点について満足な説明がありません。なぜなら、テストで問われるのは、「元禄時代が終わると財政難になって、享保の改革が始まった」という無味乾燥な事実だけだからです。

そして、テストにそのように出題される以上、受験を控えた中高生はそう覚えるしかありません。また、歴史科の教員もそう教えなければ保護者からクレームをもらってしまうでしょう。悲しいことですが、入試をターゲットにした歴史教育とはこの程度なのです。

こんな知識偏重の教育から、日本人としての正しい歴史認識など生まれることはありません。まして、支那や韓国が行っている歴史歪曲《わいきょく》に対して反論するだけの、「歴史の教養」が育つことはないでしょう。

日本の歴史教育を大きく歪めているのは日教組でも、偏向した教科書でもありません。その元凶は、社会にスケジュールとして組み込まれた入試制度そのものなのです。

「百姓一揆」が吹き荒れるなか、人口は増加した!?

さて、話を享保の頃に戻します。突然財政難に見舞われた江戸幕府ですが、教科書によるとこの後もかなりすごい展開になります。今度は百姓が暴れだしたそうです。教科書には次のように書いてあります。

農業の発達にともなって、農具や肥料を購入するなど、農民にも貨幣が必要になり、自給自足に近かった農村は変わっていきました。土地を手放して小作人となる者や、都市に出かせぎに出る者も多くなり、一方では土地を買い集めて地主となる者が出るなど、農民の間で貧富の差が拡大していきました。〈中略〉

18世紀になると、農村では多くの村が団結して、領主に年貢の軽減や不正を働く代官の交代を要求する百姓一揆《いっき》をおこし、大名の城下におし寄せることもありました。都市では、コメの買いしめをした商人に対する打ちこわしが起こりました。幕府や藩は、えた身分、ひにん身分の人々に対して、日常生活や服装で、さらに統制を強めました。

また、百姓一揆をおさえるために、農民と対立させることもありました。このような中でも、これらの差別された人々は、助け合いながら生活を高めていき、人口の増加も見られました。

（前掲書／P116〜117）

これは本当にわけのわからない記述です。これを読んでテストに臨む学生たちに心からお悔やみを申し上げます。だいたい、世の中全体は豊かになっているにもかかわらず、農民の間で格差が拡大しているという表現には違和感を覚えます。貨幣経済の発達で、多くの人が今までよりいい生活をしているのに、何が不満なのでしょう。

一部の人が金持ちになっただけで大多数の人は貧乏なまま捨て置かれたとでも言い

たいのでしょうか。だとしたら、なぜ年中行事が世の中全体に広がったのか説明がつきません。

庶民にまで年中行事を楽しむ余裕ができたということは、世の中全体が豊かになっている証拠じゃないですか！　ぜんぜん辻褄が合いません。「江戸時代の日本人は全体的に豊かになっているのか、貧しくなっているのか、いったいどっちなんだ！」と問い詰めたい気持ちです。

それともこれは、単に貧乏な人のパーソナリティの問題で、「俺も豊かになったが、あいつは俺よりもっと豊かになった。むしろ、格差が拡大している。許せん！」ってことなのでしょうか。一揆が起こったのは当時の百姓の性格的な問題？（まさかねぇ……）。本気で言っているならものすごい珍説です。

また、幕府は財政難に喘ぎ、巷《ちまた》では百姓一揆が頻発して問題山積であるにもかかわらず、なぜか教科書の記述には「このような中でも、これらの差別された人々は、助け合いながら生活を高めていき、人口の増加も見られました」とあります。これはいったい何なのでしょう。超弩級《どきゅう》のちゃぶ台返しです。

人口が増えるということは、少なくともそれを支えられるだけの食料、水の確保や生活必需品である衣料などの供給も増加していたということになります。ところが、この直前までの記述はなんだか元禄時代より貧しくなっているかのような書き方です。貧しくなって百姓が一揆を起こすぐらい困っているのに、人口が増えてしまう――。何で？

謎は謎のまま、放置――

そもそも、問題の出発点である幕府の財政難が、なぜ吉宗が将軍になったときに突然起こったのか、そこは謎のまま捨て置かれています。もうこの時点で辻褄の合うストーリーとして江戸時代を理解することは不可能に近いのですが、あえて無理やり解釈をしてみましょう。

例えば、以下のような感じでしょうか。

江戸時代は基本的に身分の低い人から身分の高い人が搾取する社会で、商工業や文化の発展は都市のごく一部に限られていた。経済的に豊かになっても幕府がすべてを搾取してしまうので、百姓（＝農民＝庶民）は豊かになれず、一揆などを起こして抗議しても厳しく弾圧されてしまった……。（筆者による妄想）

しかし、この解釈ですら大きな矛盾点があります。「経済的に豊かになっても幕府がすべてを搾取してしまう」のであれば、幕府の財政は豊かだったわけであり、財政難は起こりようがありません。仮に幕府が武士にお金をばら撒いて、武士が贅沢《ぜいたく》に使ってしまったとすると、贅沢品を供給していた商人たちがぼろ儲けしているはずです。しかし、幕府の税金の取り立てが厳しく、搾取されているわけですから、仮に商人がぼろ儲けしてもその儲けの大半は幕府に吸い上げられるはずです。吸い上げられた資金が再び贅沢品の購入に充てられるのでしょうか。ここで無限ループに陥ります。やっぱり何かがおかしい！

ところが、歴史教育には〝必殺技〟があります。「入試でそう出るから覚えなさい」です。このように歴史科の教員が言えば、生徒たちの思考はそこで停止します。

私も中学生の頃、ここに引用したのと似たような教科書を読んで、様々な疑問を持ちました。しかし、受験に向けて心がアパシー状態（受験以外は無関心）になっていたため、疑問を持ったこと自体忘れてしまいました。みんなそんなものです。

すべては入試制度が問題であり、単に年号と出来事の暗記ばかり求める歴史教育の在り方に問題があるのです。

「貧しさ」の定義もあいまい

この後、教科書の記述は三大改革の後半2つ（「寛政の改革」「天保の改革」）を経由して、幕末の動乱へと移っていきます。教科書によれば、江戸時代の改革とは突如発生した幕府の財政難に対する取り組みの歴史です。

しかし、幕府は財政難を解決することができず、マシュー・ペリーが来航しても弱腰外交で不平等条約を結んだりして国内の不満が高まります。そして、薩長を中心とした倒幕運動が始まって、大政奉還、戊辰《ぼしん》戦争を経て明治維新に至るという流れです。

教科書では、ペリー来航以前は「近世」、以降は「近代」という扱いで、ここを境に章が変わっています。

ちなみに、私が参照した東京書籍の中学歴史教科書においては、江戸幕府成立からペリー来航直前までの近世のパートは全部で26ページでした。ただ、最後の7ページは発展学習として「エコ社会」「アイヌ民族の歴史」など横道にそれますので、正味の取り扱いは19ページということになります。

約260年続いた江戸時代を19ページで解説するとなると、単純計算で1ページあたり約14年分です。テストに出しやすい知識ばかりをたくさん詰め込もうとしたら、発生した出来事を年代順に並べるしか方法はありません。

しかし、何の脈絡もなく、発生した事象を年代順に並べられても、当時の人々がどのような考えに基づいてそのような選択をしたのかがまったくわかりません。もちろん、そこからは何の教訓も得られません。

このような教育を受ければ、日本人の歴史的な教養は大変残念なことになるのは当然です。日本では経済的に成功した人や、学歴も経歴も立派な人が、目を覆いたくなるばかりの誤った歴史認識を持っていることがよくあります。

例えば、「戦前の日本はファシズム国家で――」とか、「江戸時代の日本は貧しく――」とか、よくあるステレオタイプな話です。

ファシズムの定義は、国家の上に政党や宗教があることです。戦前の日本には、国家の上に政党も宗教もありませんでした。憲法は停止されることなく、選挙も実施されていました。憲法を停止してすべての権力をアドルフ・ヒトラーに集中させたドイツとは全然違うのです。

同じく、江戸時代の日本が貧しかったかどうかは、当時の他の国々との比較になります。もちろん、イギリスやフランスなどのヨーロッパの先進国に比べれば貧しかったかもしれません。

しかしその後、明治維新を経て、急激に近代化を果たし、これらの国々を凌駕《りょうが》する経済力と軍事力を手に入れたのは偶然ではありません。江戸時代に相当な「蓄積」があったからこそ、西洋の近代文明を簡単に取り入れることができたのです。

ところが、教科書の記述をいくら読んでも、日本がそういった意味で「豊か」であったことは部分的にしかわかりません。

「入試でそう出るから覚えなさい」という理不尽さに疑問を差し挟まない生徒のほうが日本では優秀だと評価されます。しかし、真に歴史的な教養を身につけようと思ったら、むしろ逆の態度こそ褒められてしかるべきです。

素直に無批判にすべてを受け入れるのとは反対に、「なぜ?」を連発してその事象が起こった原因を徹底的に考えること。それが歴史に学ぼうとする本当の態度であり、こういったことなしに大人になることはとても危険なことだと思います。

Ⅱ　〝真実の江戸時代〟を検証する

江戸時代を貫く「フレームワーク」とは何か

江戸時代とは、本当はどんな時代だったのでしょう。その点についてこれから解説していきたいと思うのですが、そのやり方には注意が必要です。

例えば、教科書の「洗脳」を説くために、本文を一行ずつ検証していくようなやり方をしても、かえって話の本筋が見えにくくなって、読者は混乱するだけです。

昨年KKベストセラーズから出版した拙著『経済で読み解く 大東亜戦争』においては、この点を考慮し、全体を貫く一つの考え方、「枠組み（フレームワーク）」を示しました。それは次のようなものでした。

●世の中は、モノとお金のバランスによって成り立っている
●お金が不足すればデフレになり、景気が悪くなる
●景気が悪くなると、普段は見向きもされない危険な思想に人々は救済を求める

この点を押さえて、当時起こった歴史的な事象を見ていけば、一見ランダムに起こっている事象が、実はある因果関係によって結ばれているということがわかるようになります。

例えば「金本位制」が導入されると、通貨発行量は金の保有量の上限までに制限されることになります。通貨の発行量に制限が加えられるということは、お金不足が発生するリスクが高まります。

さらに、経済成長によって生産量が増加すると、そのリスクが顕在化します。経済がデフレ基調を強めれば、景気が悪化し、普段は見向きもされない〝アブナイ思想〟に人々が救済を求めて群がるようになる。その結果、リスクに対する感覚がマヒして戦争が起こることもあるわけです。

ある日突然、悪い奴が権力を奪取して、そいつが戦争を起こして国内外の人々を苦しめるわけではありません。そんな危ないリーダーが誕生し、リスキーな政策が採用されるのには理由があります。近代においては、人々が危ないリーダーを支持し、リスキーな政策に熱狂したからこそ、「総力戦」が行われたわけです。

では、なぜそんな危険な人が支持されたかと言えば、経済がぐちゃぐちゃになってみんながみんな破れかぶれだったからです。では、なぜ経済がぐちゃぐちゃになってしまったかというと、金本位制という間違った考えに固執した結果、デフレになってしまったからです。

19世紀後半からたびたび発生する恐慌の原因は、金本位制によるデフレにありました。そして、人々が金本位制に固執した理由は、それ以前の決済システムに比べたときの圧倒的な利便性の高さでした。

このように「なぜ？」を連発し、それに対する答えを探す作業こそが真の歴史教育であると私は考えています。よって、いま学校で行われている、教師が一方的に指導書の内容を読み上げるような歴史の授業は「講義」であって、「教育」ではありません。

私は「江戸時代」と「明治維新」について本書で解説する際、この点について常に意識していきたいと思います。そして学習の効率を上げるために、歴史を貫くいくつかのフレームワークを先に示します。

「経済の掟」は、時代や国にかかわりなく常に有効です。江戸時代においても、生産量の増加に合わせて適切に貨幣量を増やせばマイルドなインフレとなり、その反対をやればデフレとなりました。

「キャッチアップ型経済」と言って、今でも発展途上国は先進国のマネをするだけで著しく経済成長します。そのマネが最初は下手くそでもまったく問題ありません。経済的に遅れていればいるほどもともと分母は小さいということですから、成長率で見たらトンデモなく高い数字になります。むしろ「遅れていること」は大きなポテンシャルがあるということです。

江戸時代の日本は、現代に比べればずっと科学技術が遅れていました。そのような非効率的な経済状況であればあるほど、ちょっとしたイノベーションが生産性の向上に大きく貢献することができるのです。江戸時代の経済を極めて大雑把に語るのであれば、「科学技術の進歩に合わせて生産性を飛躍的に向上させてきた時代」と言えるでしょう。

ただし問題は、生産性の向上がもたらす経済規模の拡大に合わせて十分な貨幣量を供給していたかどうかという点です。当時は精度の高い物価統計も存在せず、インフレターゲットのような先進的な金融政策の枠組みはありませんでした。

〝経済の掟〟がわかる人、わからない人

　そのような中で、「経済の掟」である「モノとお金のバランス」をある程度理解していた人は、「元禄高度成長」の立役者で勘定奉行だった荻原重秀《おぎわらしげひで》、徳川吉宗を改心させ享保の改革を成功させた「大岡越前」こと大岡忠相《おおおかただすけ》、今は相当名誉回復された将軍の側用人の田沼意次《たぬまおきつぐ》、化政文化の原動力となった経済成長を成し遂げた老中・水野《みずの》忠成《ただあきら》などごくごく限られた幕臣たちでした。

　これに対して、原理主義的な経済オンチはその数倍存在します。「元禄高度成長」を潰した儒学者で側用人の新井白石《あらいはくせき》、寛政の改革で大コケした老中・松平定信《まつだいらさだのぶ》、天保の改革の失敗で江戸幕府の死期を早めた老中・水野忠邦《ただくに》（忠成とは同族なのに大違い）など、数え上げるときりがありません。正しい政策が採用され続けられていたら、日本は独自で「産業革命」を達成していたかもしれないのに、とても残念です。

　現在の日本においても、平成の大停滞から経済を復活させるためにやることは決まっていました。安倍晋三総理が推し進める「アベノミクス」は、経済学者の中ではデフレに陥った場合に行う極めて標準的な「経済政策（リフレ政策）」でしかありませ

ん。別に何も珍しいことでもないのです。

私はかつて民主党政権時代に、何度も民主党議員に対してアベノミクスと同じようなリフレ政策を採用するよう強く働きかけてきました。しかし、民主党の中でこの政策を理解する人は党執行部に入れず、逆に党の執行部の中には新井白石や水野忠邦のような原理主義者しかいませんでした。

2012（平成24）年に解散総選挙があったのも偶然ですし、その結果、自民党が勝利したのも偶然です。そもそも、この選挙に先立つ数か月前に行われた自民党総裁選で、リフレ政策に最も理解があった安倍晋三氏が勝利したことですら偶然でした。

アベノミクスが誕生したのは、これらの偶然が重なったことが原因であって、「経済の掟」に照らして正しいからみんながそれを選んだというわけではないのです。

江戸時代もこれとまったく同じです。荻原重秀を源流とする正しい経済政策が、徳川幕府の機関決定として採用されたのではなく、正しい考えを持った人がたまたま権力の座に就いたから採用されただけの話です。

逆に、権力闘争があれば、うまくいっている政策でも突如として変更されたりもしました。現在のように経済学や統計学が発達していなかったと言えばそれまでですが、少なくとも経済パフォーマンスの良し悪しで判断するといったことは行われませんでした。

どちらかと言えば、そのとき権力の座にあった人が、ある経済政策を実施し、その後失脚すると、次の権力者が逆のことをするというだけの話だったのかもしれません。

維新の成功は「江戸時代の蓄積」があったから

年代順に発生する事象を列挙しただけの教科書を丸暗記しても、江戸時代の経済を理解することはできません。元禄高度成長の後に、突如として財政難が始まったかと思ったら、今度は化政文化でお伊勢参りが大流行……、なんてまったく脈絡なく次から次へとイベントが発生してわけがわからなくなるだけです。

また、教科書の記述はどちらかというと政治史がメインで、文化史がサブという感じで、経済史については申し訳程度にしか書いてありません。しかも前述の通り、経済的なイベントを年代順に並べているだけで、前後の事象の因果関係などはまったくわかりません。

経済というのはある意味その国の「肉体」みたいなもので、政治はどちらかというと「衣服」です。肉体が成長すると、古い服を脱ぎ捨てて新しい服に着替えるように、経済が発展してくると政治システムは変容することを迫られます。本書のテーマである「明治維新」とは、まさにこの〝着替え〟であると考えてください。

日本は江戸時代を通じて、経済的に大きく発展しました。明治大学准教授で経済学者の飯田《いいだ》泰之《やすゆき》氏の言葉を借りれば、江戸時代の日本はすでに「エネルギー革命なく発達できる限界までいった社会」になっていました。多少の紆余曲折《うよきょくせつ》はあったものの、1840年代にその発展はピークを迎えました。

しかし天保の改革で大失敗した後、度重なる経済政策の失敗で江戸幕府はついに、諸藩、商人、そして人々から見放されてしまったのです。そして、その結果として起こったのが明治維新でした。

「明治維新の成功は、江戸時代の蓄積があったから」というのはまさにその通りです。むしろ、江戸時代の成長が著しく、ついに幕藩体制というシステムでは支えきれなかったから、明治維新という〝着替え〟が起こったのです。

3つのキーワードで、江戸時代を理解しよう

とは言え、江戸時代にいったい何を蓄積したのかという点について、私たちはあま

りにも知らなさ過ぎます。そこで、江戸時代がどんな時代だったのか、教科書を読むよりもずっとわかりやすくて覚えやすいキーワードを３つご紹介しましょう。これこそが明治維新の出発点であり、生みの親だからです。

①　**財政構造**

徳川家は４００万石しかないのに、３０００万石の日本全体を治めなければならない。

②　**管理通貨制度**

たとえ瓦礫《がれき》のごときものなりとも、これに官府の捺印を施し民間に通用せしめなば、すなわち貨幣となるは当然なり。

③　**百姓は農民に非ず**

百姓は決して農民と同義ではなく、たくさんの非農業民を含んでいる。

１つ目は「財政政策」の要点です。徳川幕藩体制において、徳川家は中央政府の役割を果たさなければならないのに、徴税権が４００万石分しかなかったという極めて歪《いびつ》な状態にありました。実は、あまり知られていないこの点こそが、幕府の慢性的な財政難の根本原因だったのです。

2つ目は「金融政策」の要点です。「たとえ瓦礫のごときものなりとも……」というのは、いわゆる「官府の理論」というもので、歴史作家の佐藤雅美《さとうまさよし》氏が書いた『将軍たちの金庫番』（新潮文庫）の中で、日本史学者・三上参次《みかみさんじ》が荻原重秀の言った言葉を要約したセリフとして登場します。

当時、「管理通貨制度」という言葉は存在しませんでしたが、重秀は今から三百年以上前に貨幣制度の本質を見抜いていたということです。しかし、この先進的な理論を理解する人は少数派で、理解がなかなか進まなかったことが、江戸幕府滅亡の遠因となりました。

3つ目は「社会制度」の要点です。本書ではここまで、「百姓＝農民＝庶民」という一般的な定義を使ってきましたが、ここからは区別します。

百姓とは、農民および非農業民（商業、運輸業、サービス業等に従事する人々）を含む庶民の総称であって、決して農民というわけではありません。むしろ、百姓の中に含まれる専業農家の割合は江戸時代以前から極めて少なく、過半数以上が非農業従事者だったのです。この点については、歴史学者の網野善彦氏の言葉をいくつかお借りしました。

さて、この３つのキーワードを頭に入れて、もう一度歴史教科書の記述を読み直してみましょう。

１つ目のキーワードによって、ある日突然、幕府が財政難に陥る理由がなんとなくわかりますよね。

２つ目のキーワードである管理通貨制度は、寛政の改革と天保の改革によって否定されました。結果として経済は大混乱し、幕府は大きなダメージを被りました。むしろ、管理通貨制度を発展させていけばよかったのに……、悔やまれます。

３つの目のキーワードによって、教科書の「百姓は、全人口の約85％を占め、生活は自給自足に近いものでした」という記述が大嘘であることを見抜くことができます。

さらに、「幕府は安定して年貢を取るため、土地の売買を禁止したり、米以外の作物の栽培を制限するなどの規制をしました」などと教科書には書いてありましたが、果たしてその規制がどこまで有効だったのか疑問に思いませんか。

江戸時代、運送業は大変栄えました。江戸時代の「運送業者」は今で言うと「商社」みたいなものです。モノが余っているところで仕入れて、足りていないところで売る。つまり、「安く買って高く売る」のがお仕事です。

都市の住民に好まれる商品作物があれば、喜んで運ぶのは当たり前。売れたら生産者は儲かるのでもっと作る、これも当たり前。人間は儲かるときには〝やる気〟を出すものです。

果たして当時、幕府の規制はどれだけ有効だったのか、衝撃の事実は後ほどデータで明らかにしていきましょう。

このように、「本当の江戸時代」は、私たちが持っている「貧農史観」とはかけ離れたものでした。

では、その「エネルギー革命なく発達できる限界までいった社会」とはどんな社会だったのか――、もう少し詳しく文献やデータを紐解きながら見ていきましょう。

第2章

なぜ江戸幕府はいつも「財政難」なのか？

I 江戸幕府の懐《ふところ》具合

「アイデア」が一番儲かる!

鎌倉時代から江戸時代までの間、教科書的には「日本は封建制度の時代だった」ということになっています。しかし、当時生きていた人たちはその政治体制を「封建制度」とは呼称していません。

「幕府」という言葉さえ、当時はだれも使っていませんでした。本書では便宜上「江戸幕府」という言葉を使っていますが、後世私たちが幕府と呼んでいる組織は、江戸時代には「公儀」と呼ばれており、幕府という言い方は一般的ではありませんでした。

幕府という言い方は朱子学の言葉で、日本では後期水戸学によって幕末に広められたものです。後期水戸学では「公儀」が指すものは皇室であり、「征夷大将軍は皇室から外敵を排除するために任命されたに過ぎない」と説明します。そこで、「公儀」と区別して、「幕府」という呼称を使いました。むしろ、江戸時代よりも明治維新後にその言い方が定着して「幕府」と呼ばれるようになったのです。

後世になってから定着した言い方、見方と、当時本当にどうだったかということは明確に区別しなければいけません。そういう意味では、「封建制度」と一口に言っても、江戸時代の日本の政治体制は鎌倉時代や室町時代とも違いますし、まして西欧諸国のそれとも大きく違っています。その点を頭に入れて先に進みましょう。

江戸時代の前は「安土桃山時代」、その前は「戦国時代」、その前は「室町時代」で、さらにその前は「鎌倉時代」と言われています。鎌倉時代から武士の時代が始まったと教科書には書いてあります。よって教科書的には、江戸時代は「武士の時代の最終形」ということになります。

学校の授業では、鎌倉時代に「御成敗式目《ごせいばいしきもく》」ができて、江戸時代には「武家諸法《ぶけしょはっ》度《と》」があって……と暗記させられますが、歴史から教訓を得るためには正直どうでもいい話です。それよりも、「経済の掟」に従って考えましょう。

経済を発展させるためには、人々が自由に商売することができる環境が必要です。

なぜ、自由が経済を発展させるのか。自由に商売することでたくさんのアイデアが生まれ、それらが競争によって淘汰《とうた》されることで、正しいアイデアが生き残るからです。生き残るとはつまり、そのアイデアが一番儲かったという意味です。

しかし、生き残ったアイデアも、永遠ではありません。常に新しく入ってくるアイデアの挑戦を受け、淘汰される危険性があるからです。商売における正解は、チャレンジする前からはわかりません。多くの人がチャレンジし、競争することによって、勝ち残ったアイデアが正解だったと後からわかるに過ぎません。

大切なのは「経済のインフラ」の整備

このような自然淘汰が効率よく繰り返し行われる社会において、経済は発展します。だからこそ、自由に商売するためには取引に制限があってはいけません。また、商売で得た利益はリスクを取った人に還元されなければならないのです。

例えば、関所を越えるたびに税金を取られたり、物々交換で貨幣が使えなかったり、起業するのに特定の身分である必要があったり、といった制度では効率が悪過ぎます。逆に、国内が統一されていて物流の自由がある程度保障されていれば、人々は交易を通じて様々なものを交換し、経済が発展します。

また、商品を売買したときの「決済手段」も重要です。物々交換の場合、小麦を持っている人が野菜と交換したい、野菜を持っている人は米と交換したい、米を持っている人は薪と交換したい……といった感じで、特定の商品を提供する人（あるいは交換したい人）が見つからない限り取引は成立しません。これに対して、貨幣を使った取引の場合、売りたいものをとりあえず貨幣と交換することによって、今度はその貨幣を使って買いたいものを買うことができます。

しかし、諸侯が支配地域内で勝手に異なる貨幣を使っていたら、貨幣による決済にも支障をきたします。なので、できるだけ全国統一の貨幣制度、もしくは最終的には金銀の重量やそれを含む通貨に還元できる交換レートが成立していなければなりません。

また、取引には常にリスクが伴います。例えば、商品を納入しようとしたら事故に遭って届けられなかったとか、商品を納入しても代金を払ってもらえなかったといった様々なトラブルがそれに当たります。

売買に伴うトラブルを解決するためには、第三者による公平な審判が必要であり、なおかつ、その審判の結果を履行させる強制力も必要となります。

自由な商売を支えるこれらの「経済のインフラ」をわかりやすいようにまとめると次の3つのポイントに集約されます。

①　物流の自由
②　決済手段の確保
③　商取引のルール整備

これら①〜③の「経済のインフラ」が確保されると、その国の経済は発展します。そして日本においては、江戸時代の前に経済のインフラはすでに相当なレベルまで整備されていました。戦国大名が国力増強のために商人たちに自由に商売をさせたこと、治水や新田開発に力を入れて農業生産力を増強させたことなどがその要因です。

信長、秀吉の遺産を相続した家康

江戸幕府が成立する以前から、日本人の多くは農民ではありません。歴史学者の斎藤善之氏（東北学院大学経営学部教授）によれば、「中世のころから日本の商業は発展していた」とのことです。

まず中世の商業というと、専業化した商人というものがまだまだ少なかったことが重要な特徴でした。商業にたずさわるものは、同時に武士であったり、宗教者であったりするのがむしろふつうだったわけです。

例えば、瀬戸内海の水軍すなわち海賊衆とか呼ばれた人々が、同時に流通商人でもあり、その一方で、各地を遍歴した宗教者、たとえば修験者や御師《おし》なども、その宗教的権威によって、戦国大名の領国支配を越えるような広域的な通商活動を行っていたことが明らかになっています。（斎藤善之他『「商い」から見た日本史』ＰＨＰ研究所）

斎藤氏によれば、戦国時代は諸侯が乱立して暴力がモノを言う時代だったため、商人は軍事力や宗教的な権威などに頼らなければ商売ができない状態だったのです。

先ほど示した3要素で言うなら、物流の自由もその地方を根城にしている戦国大名の気分次第ですし、まして全国的に統一された取引ルールもなければ、それを保証してくれる人も寺社勢力ぐらいしかなかったということになります。

そのようななか、織田信長と豊臣秀吉が日本の商業史にとって画期的な政策を実施しました。一つは、それまで全国的な商業の庇護者《ひご》がいないことをいいことに、商業の利権を独占していた寺社勢力に徹底的な打撃を加えたことです。前掲書には次のように書いてあります。

信長による比叡山の焼き討ちとか、各地の一向一揆勢力に対する掃討戦、その総決算としての石山戦争は、宗教から商業が分離独立していくうえで、極めて重要な事件であったと思います。（前掲書）

もう一つの重要な動きは、何度も行われた合戦の準備のために補給路が整備されたことです。秀吉の時代になると、戦国大名の規模は大きくなり、合戦の規模もそれまでとは桁違いになりました。現地徴発だけに頼っていたら大軍が飢え死にしてしまいます。

本国から食料や武器を運ぶルート、および大容量の物資を運ぶ運搬手段が開発され、結果的に全国的な物流網が整備されることになりました。もちろん、こういった物流に多くの商人が関与していたことは言うまでもありません。

信長、秀吉時代に整備された全国的な「経済のインフラ」を最終的に承継した人物が、徳川家康です。つまり、江戸時代の基礎となる全国的な物流網の整備は、安土桃山時代にすでに終わっていたという点を覚えておきましょう。

江戸時代が始まった時点で、日本はすでに〝遅れた農業国〟ではなかったのです。まさに「百姓は農民に非ず」ということです。

江戸幕府は「中央集権」ではなかった

ただし、経済の面では極めて先進的なインフラを獲得していても、政治においてはある種の後退が起こることがあります。

当時、政治の世界においても、「いわゆる近代国家に近いような、中央集権的な国家体制を目指していく勢力」と、「諸侯が分立している現状を維持しようとする勢力」が常に争っていました。前者は「日本人」という意識をより強く持つ人々、後者は「一所懸命」に支配地域を守り続けようとする人々です。

「元寇」のような目に見える外敵が出現すると、人々は危機意識を持ち、中央集権的な政策も容認するようになります。しかし、危機が去ると今度は諸侯から不満が出て揺り戻しが起こります。「承久の乱」や「唐入り（朝鮮征伐）」なども武家の代表に中央集権的なパワーを集める方向に作用しましたが、その後は必ず揺り戻しがきます。

江戸幕府の成立時期については諸説ありますが、概ね1600（慶長5）年頃としておきましょう。「関ヶ原の戦い」と「大坂冬の陣、夏の陣」に勝利して徳川家の天下統一は盤石なものとなります。しかし、それ以前に豊臣秀吉が中央集権的な政策をやり過ぎてしまって、諸侯の不満が溜まっていたという点を押さえておく必要があります。そういう意味で「秀吉の天下統一」と「家康の天下統一」では意味が違います。

家康の場合、天下統一と言っても全国の300諸侯が徳川家に忠誠を誓って中央集権国家が成立したわけではありません。秀吉が作った中央集権的な政治の仕組みを強化しようとする石田《いしだ》三成《みつなり》と、そういうのはやめて「現状維持でいいじゃん」と考える勢力の戦いの結果なのです。

日本の歴史は「三歩進んで二歩下がる」式に、中央集権的な政治権力が突っ走り、その後に揺り戻す、ということを繰り返してきました。

「建武の新政」（1333／元弘3年）はそれの最もわかりやすい例です。「これからは天皇親政で、かつ中央集権で行く」と後醍醐天皇自ら宣言しましたが、あまりにもその動きが急だったために諸侯の大反発を招き、後醍醐天皇は〝島流し〟にされてしまったわけです。

家康は三河からスタートして、最後は江戸ですから、基本的に当時の中心地だった京都や大坂とはあまり縁のない後醍醐天皇とは反対の立場にいる人です。これに対して三成は堺の奉行をやっていたわけで、まさに物流の中心地、当時の経済の最先端に身を置いていた人でした。

京都、大坂とそれを包囲する圧倒的多数の田舎という構図は、まさに「農村から都市を包囲する」という毛沢東《もうたくとう》の「遊撃戦論」さながらの状況でした。

それでも、秀吉が生きていたときは、持ち前の調整能力によって都市が孤立することを回避していたのですが、晩年に唐入り（朝鮮征伐）など無茶をやらかしたツケが溜まり、しかもそれを放置したまま秀吉が死んでしまって行き詰ってしまったのです。都会暮らししかしたことがない三成には、地方の苦しみは理解できなかったと言えばそれまでです。

しかし、よく考えてみれば、そもそも戦国時代から命を懸けて守ってきた「領地（利権）」を大名たちがそう簡単に手放すわけはありません。

「このまま石田三成にやらせていたら、自分たちの利権が危ない」と感じた大名たちは徳川家康を担いで、まさに農村から都市を包囲し、権力を奪取したのでした。

金銀の産出で隠蔽《いんぺい》された財政難

このような経緯から、徳川家はあくまで300諸侯の筆頭でしかありませんし、江戸幕府は300諸侯が集まった「大名の連合政権」でした。将軍は横並びの大名の中でのトップにいるというだけで、将軍と大名の関係は、現在の総理大臣と都道府県知事の関係とは違いました。

ところが、横並びの代表であっても、諸侯の筆頭者として日本全体に対する責任は生じます。戦争で荒廃した国土を復興させなければなりませんし、自然災害が起これば救助や復旧などの出費もかかります。外交や国防も徳川家が代表して行わねばなりません。

徳川家の領地（天領）は諸侯では最大でしたが、それでも全国3000万石のうちの400万石でしかありません。年貢だけに頼っていたら、中央政府としての支出が嵩《かさ》み、いずれ財政難に陥ることは明白でした。

そこで家康が最初に行ったことは、全国のめぼしい金山、銀山をすべて手中に収めることです。当時の日本には、現在の南アフリカのような莫大な金と銀の埋蔵量がありました。これだけたくさんの金銀が湯水のように湧いてくるなら、しばらく財政のことなど心配する必要はありません。

家康から家光までの徳川三代の将軍は、とにかく幕藩体制を安定させることに心血を注ぎました。そのためには、全国の諸侯や京都の公卿に反乱を起こさせないように人気取りをしなければいけません。溢れ出る金銀を使って、徹底的なばら撒き政策が行われました。

東照宮の建設、江戸の都市建設、京都の諸公卿を押さえるための上洛や賄賂《わいろ》など、文字通り「金《かね》に糸目をつけず」気前よくお金を使いました。特に家光のド派手な浪費は有名で、東照宮の造営に57万両もの大金をかけ、参拝すること10回、そのたびに10万両を使い切ったと言われています。これは、東照宮関係だけで１５７万両も使ってしまった計算になります。

また、京都への上洛の際には30万人もの大軍を率いています。往復の交通費や宿泊費など、多額のお金がばら撒かれました。江戸に戻ると、今度は城下に23万両のばら撒きをやったそうです。同時期に起こった「島原の乱」では、戦費として40万両を使っています。

しかし、金銀の埋蔵量は無限ではありません。家光が将軍になって20年ほど経過した1643（寛永20）年には金銀の埋蔵量は底をつき、極端に生産量が落ちてきました。それでも、徳川家には莫大な金銀のストックがあり、家光が亡くなるまでには使い切れないほどでした。

歴史教科書によれば、こういった浪費のマイナス面ばかりが強調されます。しかし、徳川三代の浪費は、日本経済の発展を考えると極めて大きなプラスの効果がありました。

17世紀半ば頃までの日本は新田開発による作付面積の拡大があり、また船を使った物流などの「流通革命」によって生産性、生産量ともに劇的に拡大させていた時期でした。「信長の野望（歴史シミュレーションゲーム）」をプレイしたことがある人ならわかると思いますが、内政コマンドにある「かいはつ」というやつです。

戦国時代には各地で大名が国力増強のために、治水や新田の開発を積極的に行いましたが、その流れは江戸時代まで続いていたのです。耕地面積が最大になったのは1666（寛文6）年頃。その後、単位面積当たりの収穫量の改善で、8代将軍・吉宗の頃に農産物の生産量の拡大はピークを迎えました。

家光の「浪費」＝「公共事業」

徳川三代が浪費していた頃は、全国各地に新田が開発され、食料生産が飛躍的に増大していたまさに高度経済成長の時期に当たります。そして前節で解説した通り、戦国時代を通じて発達した物流網によりこれらの産品が都市に運ばれ、都市の人口も増加の一途をたどっていました。

家光による浪費は、いわば「公共事業」と同じ効果がありました。当時は今と違って変動相場制ではなかったので、公共事業の経済効果は現在とは比べ物にならないくらい大きなものでした。

しかも浪費のための資金は、鉱山から掘り出した金銀を鋳造して新しく作った金貨と銀貨です。つまり、大量の貨幣を発行して大規模な公共事業を行ったのと同じことになります。

１９３２（昭和７）年の高橋是清《たかはしこれきよ》蔵相による日銀の国債直接引き受けや、２０１２（平成24）年末に始まったアベノミクスによる大規模な金融緩和と同じ効果があったと思ってください。おそらく家光本人はまったく意図していなかったと思いますが、結果的に彼の浪費が日本経済の発展にとっては大正解だったのです。

「経済の掟」はどの時代にも当てはまります。世の中はモノとお金のバランスによって成り立っています。

モノの生産が増えないのにお金だけが増えれば、モノが不足して値段が上がります。これがインフレです。反対にモノが増えているのに、お金の量の増加が足らなければ、モノよりもお金の価値が高くなってデフレになってしまいます。常に、モノとお金はバランスよくさせないと経済のパフォーマンスは低下してしまうのです。

ところが厄介なことに、何もしなくてもモノは毎年増えていきます。なぜなら、人間は我々が考えている以上に賢く、同じ労働力を投入しても翌年にはより良いものがたくさん生産できてしまうからです。

しかも、もともと経済的に遅れていればいるほど、ちょっとした技術革新や流通革命によって、飛躍的にモノの生産量は増えます。「分母が小さいうちは、伸び率が高くなる」という当たり前の現象です。

江戸時代初期には、安土桃山時代に起こった物流革命と戦国時代から続く新田開発の恩恵があり、しかも大きな戦争がなくなったことで、経済を不安定化させるリスクも低下していました。つまり、それ以前の時代に比べて、より多くのモノが世の中に溢れるようになっていました。

もし、このとき貨幣の量が不足したら、せっかくの生産性向上が台無しになってしまいます。いくら生産量を増やしても人々が希少な金銀を死蔵して使わないために、モノの値段が下がってデフレになってしまうからです。

徳川三代が浪費をしなかったら、せっかくの物流革命も新田開発も途中で立ち消えになっていたことでしょう。

悪夢の「明暦の大火」

家光は一代で５００万両を使って亡くなりました。しかし、膨大な金銀のストックがあったため、４代将軍・家綱はそれでも６００万両を相続することができました。しかし、もう金銀の埋蔵量は枯渇しています。これ以降は手元にある金銀を取り崩しながら、構造的な財政赤字を埋め合わせるしかありません。「６００万両を使い切ったら終わり」という過酷なゲームが始まりました。

江戸幕府は、現状維持勢力からの支持によって成立しました。よって、年貢の取り立てというのは各地にいる大名の権利であったため、それを取り上げることはできませんでした。前述の通り、徳川家は中央政府を代表していながら、徴税権は自分の領地にしか及びません。

しかし、歳出面では全国3000万石分の財政政策をすべて引き受けることになります。教科書に何度か出てくる「○○の改革」において、「質素倹約」が強調された理由はまさにこれだったのです。

江戸幕府の財政事情を象徴するのは、江戸城の「天守閣」です。現在、皇居になっている場所はかつては江戸城でした。しかし、天守閣はありません。家綱に家督が相続されて間もなく、1657（明暦3）年の「明暦の大火」で焼失してしまい、その後現在に至るまで再建されていないからです。NPO法人「江戸城天守閣を再建する会」のホームページには次のような説明があります。

明暦の大火により、江戸の街の大半が焼き尽くされ、江戸人口50万人のうち10万人以上の生命が奪われました。この未曾有の大災害に陣頭指揮で対処したのが、3代将軍・家光の異母弟で、4代将軍・家綱の後見役となった会津藩主保科正之《ほしなまさゆき》でした。保科正之は、被災者の早急な救済と民生安定、長期的展望に基づいた江戸市街の災害復興を最優先の課題と考えました。江戸城天守は、江戸幕府の権威と権力の象徴と考え

図１　「明暦の大火」の焼失範囲

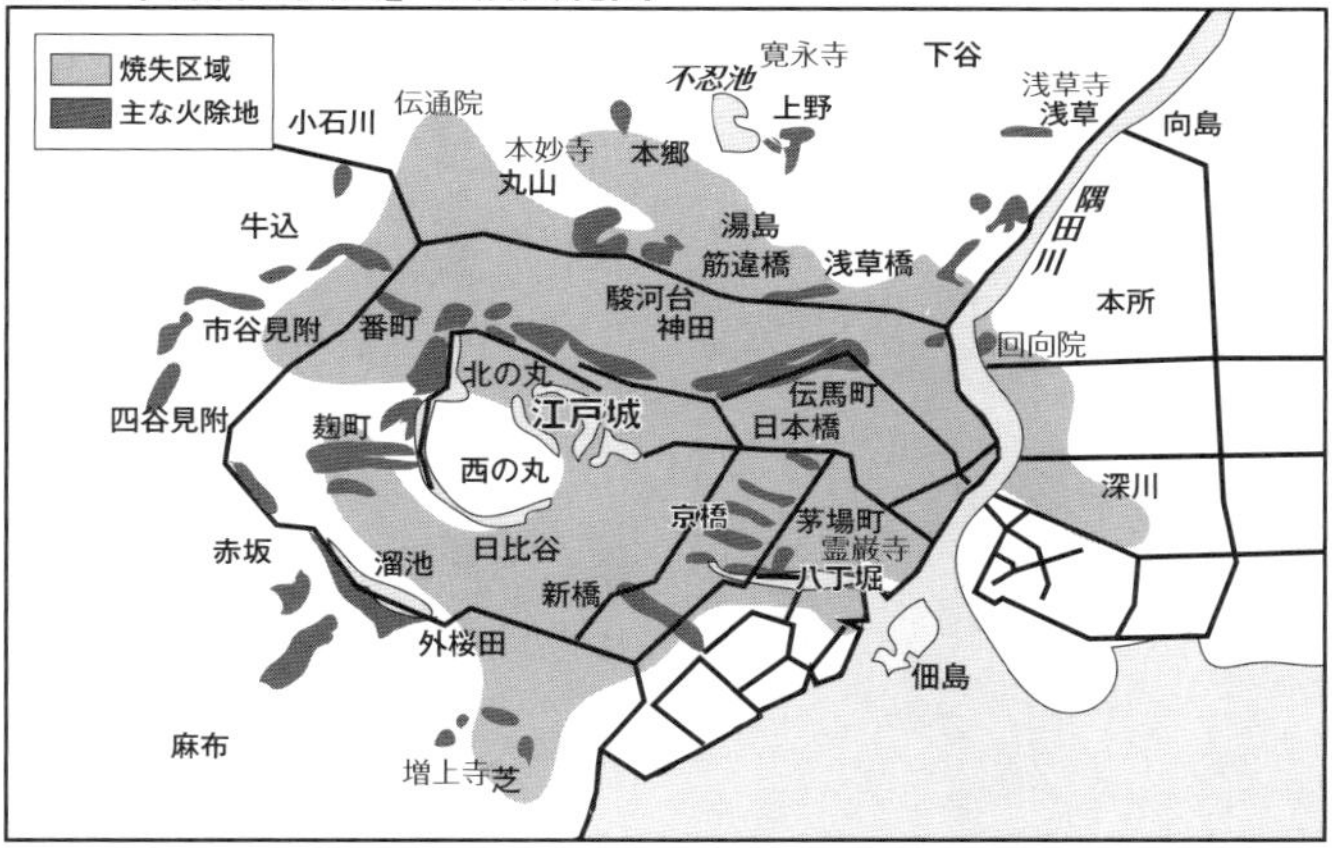

出典：『新編千代田区史　通史編』（平成10年）

られていましたが、今はその再建のために、国の財産を費やす時節ではないと判断し、先に延ばすことを決定しました。この保科正之の英断が、それ以降200年にわたる江戸期の社会の平和と安定の礎《いしずえ》となり、元禄、文化・文政の江戸文化が花開くこととなりました。（「江戸城天守閣を再建する会」HP）

つまり、江戸の町の再建を最優先した結果、天守閣を建てるお金がなくなってしまったということです。

明暦の大火の被災地域は、上の図（図1）のようになります。ご覧いただければわかる通り、当時の市街地と江戸城のほぼすべてが被災しています。

焼失区域は、現在の千代田区と中央区のほぼ全域、文京区の約60%、台東区、新宿区、港区、江東区のうち千代田区に隣接した地域一帯であり、江戸の町は文字通り壊滅的な打撃で廃墟と化したのでした。

復興に必要だった、多額の財政支出

幕府は被災者の救済と復興のために、多額の財政支出を行いました。まず、被災者が飢え死にしないように、明暦の大火直後から約1カ月にわたり、粥《かゆ》の配給を行っています。米は1日に1000俵（約52・5トン）ずつを使いました。さらに、これと同時に合計6000石（約900トン）に及ぶ米が放出されました。また、銀で総額1万貫目、金にして約16万両に及ぶ下付金が被災した江戸の町民に支払われました。

罹災した大名には、銀100貫目以上の「恩貸銀」を出しました。これは返済期間10年間の低利融資です。また、旗本や御家人には「拝領金」という罹災手当を支給しました。（出典：『1657明暦江戸大火』災害教訓の継承に関する専門調査会報告書／平成16年3月）

この他に、材木商が値上がりを見込んで材木を抱え込まないよう「大名屋敷は再建しない」という噂を流して材木価格を暴落させたり、米の値上がりをアテにして売り惜しみし、米価が高騰しないように八丁堀で米の大バーゲンをやったり、被災者の生活が破綻《はたん》しないようありとあらゆる政策が実施されました。

真の不確実性が顕在化したとき、手持ちのリソースを出し惜しみせずに投入するというのは危機管理の基本です。保科正之はそういう点で、危機管理というものをよく理解していました。天守閣の再建を断念した理由もまさにこの辺りにあります。民主党政権時代の最悪の総理大臣・菅直人に比べてどれほど立派だったかということです。

結局、家綱は家光から６００万両を相続しましたが、大火の4年後（１６６１年）の時点で、その金額は３８５万両に減ってしまいました。復興費や毎年10万両と言われる経常的な財政支出が嵩み、年貢米の収入だけでは支払いきれなかった分を相続財産から賄ったのが原因です。

家綱は明暦の大火から23年後の１６８０（延宝8）年に亡くなりました。次の５代将軍・綱吉が相続した財産は、１００万両を切っていたと言われています（出典：佐藤雅美『将軍たちの金庫番（新潮文庫）』）。

歴史教科書で大変景気が良かったとされている「元禄時代」は１６８８～１７０４

年です。しかし、家綱から綱吉に家督が相続された1680年の時点で、幕府の財政は相当逼迫《ひっぱく》しています。すでに金銀の産出量は大幅に減少しており、貨幣の供給も途絶えがちです。

それなのに、なぜ8年後に空前の好況がやってくるのか。その理由は、5代将軍・綱吉の時代の、ある〝発明〟によるものです。そして「この発明によって、江戸幕府はその後の約200年間を乗り切った」と言っても過言ではありません。

Ⅱ　「成長重視派」vs.「財政規律派」

「通貨発行益（シニョレッジ）」による財源の拡充

結論から言いましょう。先述の、ある〝発明〟とは「通貨発行益（シニョレッジ）」の発見です。

歴史教科書では「貨幣の改鋳《かいちゅう》」と呼ばれています。簡単に言うと、金銀の含有量を減らしてより多くの貨幣を作り、増加した枚数（出目《でめ》）を幕府の財源に組み入れるということです。

幕府の毎年のキャッシュフローは「赤字」です。年貢米による収入から様々な支出をすると、毎年10万両程度が不足します。綱吉が相続した遺産をこれに充当したとしても、理論的には10年以内に財政破綻することが明白でした。

ところが綱吉は派手好きで、日光東照宮への参拝は歴代将軍のように必ず行きたいと言います。そのためには、最低でも1回で10万両の予算が必要です。しかし、幕庫にそんな余裕はありません。

そこで登場したのが、当時勘定吟味役だった荻原重秀です。重秀は「貨幣の本質とは何か」を見抜いていました。

重秀は「慶長小判」を改鋳して金の含有量を減らし、「元禄小判」を作ることを提案します。その際、2枚の慶長小判を溶かして、3枚の元禄小判を作ります。元禄小判には慶長小判の3分の2しか金が含まれていませんが、慶長小判と元禄小判の交換レートは1：1とします。こうすることで貨幣量が1・5倍に増加し、さらに増加分を幕庫に納入できるというメリットが生じます。いわゆる「通貨発行益（シニョレッジ）」です。

重秀は貨幣の改鋳を繰り返し、幕庫に500万両もの財政黒字をもたらしました。

荻原重秀が理解していた「貨幣の本質」とは？

歴史教科書的には「品位の悪い貨幣」を作ったということで、重秀の政策はあまり評判が良くないのですが、実は生産量の増大に合わせて貨幣量を増やし、モノとお金のバランスを取るという点では極めて正しい政策でした。

歴史教科書に列挙された政治的なイベントにかかわりなく、人々は常に賢くなり、日本全体の生産性は向上していました。明暦の大火によって、江戸の町はそれまでの〝軍都〟から〝商都〟へと生まれ変わり、よりたくさんの人々が移り住んできました。

そして、農業の生産性は飛躍的に向上します。

農学者の佐藤常雄氏によれば、中世室町時代の耕地面積を「1」とすると、江戸幕府成立時で「1・7」、江戸中期の享保期で「3」にまで拡大していました。様々な「農書」が出版され、農業技術の革新が進み、単位面積当たりの収穫量も大幅に増えます。

年貢の実質的な負担はどんどん軽くなりました。米などの主食生産に余裕が出てくると、人々は主食以外の商品作物を作るようになります。余剰生産物は市場で売却され、様々な商品に交換されます。

また、余剰生産物は市場に持ち込む時期によって値段が全然違うことも、日本人は即座に学習してしまいました。「なるべく高い時期に収穫して市場に持ち込もう」と、稲をはじめとした農産物の品種改良なども盛んに行われるようになります。

人間が何もしなくても徐々に賢くなるとはまさにこのことです。「どうせ同じ仕事をするなら、より少なく働いてより、多くを得られるようにする」という改善活動は続きます。結果的に、世の中に流通するモノはどんどん増えてしまうのです。

ところが、当時貨幣として流通していたのは、金貨や銀貨といった金属通貨でした。これらは、新たに金山や銀山が発見されない限り物理的に量を増やすのは困難です。もちろん、日本の金山、銀山は家光の時代にとっくに掘り尽くされてしまいました。しかも、当初の莫大な金銀のストックは、綱吉の頃にはもう100万両を切っています。

国内に流通する金銀の総量が変わらなければ、お金に対して相対的にモノの量が上回ってしまいます。モノが余ってお金が足らなければ、お金の価値は上がります。それはつまるところ、モノの値下がり（デフレ）を意味します。

江戸時代初期の、金属通貨として金銀を用いる貨幣制度のことを「金銀複本位制」と言います。銀は金より産出量も多いため、金本位制よりはより多くの貨幣を市場に供給できますが、それでも金銀の埋蔵量の限界が貨幣発行の限界となってしまいます。つまり、「金銀複本位制はデフレ・レジームだった」と言えるでしょう。

ちなみに、現在のような紙の貨幣や電子的な貨幣なら、ほぼ無限に貨幣供給が可能ですので、中央銀行はその気になれば単体でインフレを起こすこともできます。幕府は政府と中央銀行を兼ねていましたから当然これができるわけです。

先の「たとえ瓦礫のごときものなりとも、これに官府の捺印を施し民間に通用せしめなば、すなわち貨幣となるは当然なり」という重秀の言葉は、まさに管理通貨制度の本質を見事に言い当てていたのです。極めて先進的な金融理論を持っていたと言っていいでしょう。

現在、日本で流通している紙幣には「日本銀行券」と書いてあります。この〝券〟には金や銀といった裏付けとなる資産はありません。単に政府が流通を保証しているに過ぎません。紙幣を受け取るのは、それを使うことができるからです。なぜ使えるかというと、それを受け取る人がいるからです。

では、なぜ受け取る人がいるかというと、その人もいずれ受け取ったお金を使えると思っているからです。日本円が数か月後に紙くずになって使えなくなると思っている人は、ほぼ１００％いません。

あえて例外を言うなら、紫色の頭をした変な大学教授とか、「ハイパー・インフレがぁ～!!」と20年間言い続けている某国会議員ぐらいではないでしょうか。しかし、このお二人も本の印税をずっと日本円で受け取り続けているところからすると、おそらく本心では自分で言っていることを信じていないと思われます。

全国的に徴税権がないキツさ

このように「通貨の信任」とは、政府による「保証」とそれを信じる人々の「信頼」、そしてその信頼が裏切られずに実際に使うことができるという「実践」によって支えられています。荻原重秀が行った貨幣の改鋳においても、幕府が流通を保証し、人々が渋々ながらであってもそれに従うのであれば十分成立します。

それどころか、生産性が上がってモノが溢れるようになった江戸時代においては、デフレを脱却し、マイルドなインフレを実現するための有効な手段だったと言えます。お金をため込んでいた大商人たちも、貨幣価値の目減りを恐れて、貯蓄を減らして投資に回しました。その結果、元禄時代は空前の好況となったわけです。

歴史教科書では評判の悪い貨幣の改鋳ですが、生産量が飛躍的に増大する当時の経済状況には実によくマッチした良い政策でした。

もちろん当時は、現在わかっているような最新の金融理論など知る由《よし》もなく、当初の徴税権の設定ミスを穴埋めするために行った苦肉の策としか映らなかったかもしれません。それでも、「江戸時代の蓄積」と言われるような経済の発展に、そして結果的には「明治維新」へとつながる原動力となったことは間違いありません。

当時は経済統計が整備されていなかったので具体的な数字を出すのは難しいのですが、江戸時代には日本の人口は3倍増するほどでしたから、その人口を支えられるぐらいに生産量が増え、人々は豊かになったということです。

さて、綱吉は重秀の革新的なアイデアを採用することで、500万両もの通貨発行益（シニョレッジ）を得ることができました。これで財政問題も万事解決かと思いますが、残念ながらそうは問屋が卸しませんでした。

元禄景気の絶頂期である1703（元禄16）年には「元禄地震」、1707（宝永4）年には「宝永地震（南海トラフ地震）」と「富士山大噴火」が立て続けに発生しました。

さらに、1708（宝永5）年には京都で「宝永の大火」が発生し、禁裏《きんり》や公家屋敷95軒、町数417町、家数1万351軒、寺社119か所、大名屋敷21軒が焼失してしまったのです（出典：京都市歴史資料館）。

地震や噴火の被害は広範囲に及び、被災者の救援や復旧に莫大な財政支出が必要となりました。また、京都で焼け出された公卿たちの邸宅の再建など、予期せぬ財政負担にせっかく作った500万両の財政黒字も瞬く間に底をついてしまいました。

実は、宝永の大噴火の時点で、幕府のストックだけでは復旧費用が足りないということになり、「諸国高役金令」が出されました。このお触れは、諸藩から100石当たり2石の割合で、今でいうところの資産課税を行うというものです。

その結果、46万両が幕庫に入りましたが、6万両しか復旧予算には使われず、残りは日々の財政赤字の穴埋めに使われてしまったと言われています。

幕府が中央政府であるにもかかわらず、全国的な徴税権を持たないという初期設定のミスは、通貨発行益だけでは完全に解決することはできなかったようです。そもそも、物価統計のない時代において、貨幣量を調節することは技術的に極めて難しいことです。

また、災害や火事などが発生すれば、予想できない突然の大規模財政支出が必要となります。現在なら、復興国債を発行して資金調達し、将来世代にわたって負担を平準化しますが、もちろん当時、そんな発想はありませんでした。

新井白石の台頭

荻原重秀のように通貨発行益（シニョレッジ）を使って財政の穴埋めをする発想は、幕府の歳入を増やすことを通じて景気を刺激し、経済成長を促すという政策です。ちなみに、この政策をやり過ぎれば当然インフレになります。歴史教科書などでは、重秀は改鋳をやりまくったせいで物価の高騰を招いたと書かれています。

しかし、これは事実ではありません。金沢大学の村井淳志教授の著書『勘定奉行荻原重秀の生涯―新井白石が嫉妬した天才経済官僚』によれば、米価の推移で観察する限り、物価上昇率は概ね３％程度と推計されるとのことです。

（１６９５～１７０６／元禄８～宝永３年の）11年間の平均米価は、74・34匁《もんめ》となる。その上で、改鋳前と改鋳後の名目米価を比べてみると、その上昇率は１・33倍であった。33％の上昇というと、一見、大きいように思えるかもしれない。しかし、両者の最終年は11年開いているのだから、年率に換算すると３％の上昇にすぎない。

仮に元禄12、13年に５年間ではなく４年間の平均データである50・３を入れてみると、年率上昇は2・8％である。

江戸米価の場合について同じような計算をしてみると、改鋳前の25年間の平均は100俵＝31・72両。改鋳後11年間の平均は41・45両。平均価格間の比率は1・31倍。年率換算すると、やはり2・7％の上昇でしかない。

年率3％〜2・7％。この程度で、「激しい物価騰貴」と言えるだろうか。（村井淳志『勘定奉行荻原重秀の生涯─新井白石が嫉妬した天才経済官僚』集英社新書）

3％程度のマイルドなインフレは、人々にお金をため込むことを思いとどまらせ、投資を促進する効果があります。投資が促進されれば、様々な商売のアイデアが実際に形になり、市場による淘汰を経てより良いものが生き残っていく好循環が生まれます。いわゆる「経済成長による財政再建」というやつです。

これに対して、幕府の財政を立て直すためには、むしろ支出を減らして、歳入に見合った歳出に抑えるべきだと考える人たちもいました。いや、むしろこちらのほうが多数派だったと言ってもいいでしょう。1709（宝永6）年の綱吉の死後、6代将軍・家宣《いえのぶ》の側用人として台頭してきた新井白石は、まさにこの考え方を代表する知識人でした。いわゆる「財政均衡主義」「緊縮路線」というやつです。

これに対して、重秀の後ろ盾だったのは綱吉の側用人だった柳澤吉保《やなぎさわよしやす》です。綱吉と吉保はまさにズブズブの関係でした。しかし、綱吉の死により吉保はすぐに権力の座から引きずり降ろされました。結果として、それが白石の台頭を許しました。

綱吉から家督を継いだ家宣が１７１２（正徳２）年で若死にすると、当時まだ４歳だった家継《いえつぐ》に家督が譲られます。家宣の側用人だった白石の横暴に歯止めが利かなくなったのはこの頃からでした。何を隠そう、家継は白石がイチオシして担いだ将軍だったからです。

白石は「家宣の遺命」だと事実を捏造《ねつぞう》して、貨幣の金銀の含有量を慶長時代に戻すような無茶苦茶な改鋳を行います。重秀は抵抗むなしく、白石から徹底的にパージされ、勘定奉行を罷免《ひめん》されてしまいました。

白石の書いた『折《おり》たく柴の記』の中で、重秀の貨幣の改鋳はこき下ろされていますが、これは政治的なプロパガンダであり、事実には反します。

耳触りの良い思想「貴穀賤金」

新井白石は金銀が流出したことが幕府の財政問題の本質であり、なるべく金銀が流出しないようにすれば財政が立て直せると思い込んでいました。人々は毎年少しずつ賢くなるため生産量はじわじわと増えていくにもかかわらず、お金の量を減らして、なるべくそれを使わないようにしたら、自然な経済成長も過剰生産ということになってしまいます。

ところが、経済オンチの白石にはそんなことは理解不能でした。しかも、白石は「重秀によって改鋳された小判を元の品位に戻す」という愚かな政策を本当に実行に移しました。小判3枚を集めて、2枚に減らしたら、貨幣量が減少してデフレになってしまいます。

白石が捉われていた頑迷な考えを「貴穀賤金《きこくせんきん》」と言います。これは「米などの農産物は貨幣よりも貴く、お金は賤しいものだ。だから、農業以外の産業は仮の需要でありバブルである」という極めて間違った考え方です。

しかし、貴穀賤金はその単純さゆえに、昔から多くの知識人を魅了してきました。貴穀賤金の考えに立てば、貨幣の価値が上がって、農産物の価値が下がるデフレは好ましいことではありませんが、白石は経済オンチだったのでその矛盾に最後まで気づかなかったようです。むしろ、自由な商売そのものが悪であるぐらいに、経済の発展そのものを危険視していた節《ふし》もあります。

経済学者・飯田泰之氏の『歴史が教えるマネーの理論』（ダイヤモンド社）によれば、白石は「景気がよい状態＝異常な状態である。なぜなら、山師みたいな連中たちの羽振りがよくなるからだ。けしからん！」と考えていたそうです。もはや白石にとって、貨幣制度は政治や経済の話でなく「信念」の問題でした。

さらに、白石のこの考えを敷衍《ふえん》すれば、「緊縮財政をする政治家は真面目、逆に財政支出を増やす政治家は不真面目でけしからん」という恐ろしい結論につながります。

あれ？　これってどこかで見た光景ですよね。「国民に増税という苦い薬を飲ませる政治家はいい政治家」みたいな話を最近よく耳にするのですが、白石のゾンビが徘《はい》徊《かい》しているのでしょうか。まったく恐ろしいことです。

ちなみに、10年以上前にベストセラーになった『清貧の思想』（中野孝次／文藝春秋）は著者の意図とは裏腹に、「貴穀賤金」的な俗流解釈をされてしまいました。朝日新聞などのマスコミは、「心が豊かになったのでモノを買わなくなった。だからデフレになった」といったトンデモ説を吹聴し、国民を騙し続けてきました。マスコミの中にいる偏差値の高いエリートにも、きっと白石と同じような誤った経済観が蔓延していたのでしょう。

この本で著者が言いたかったのは「簡素だが充実した生活、うわべだけでない内実のある本当の生活を大切にしよう」という〝心〟の問題だったのですが、朝日新聞はそれを経済が大停滞した原因にすり替えてしまったのです。

「石高制」という足枷《あしかせ》

荻原重秀を失脚させ、一時的に権力の座についた新井白石は小判の金含有量を高める「逆鋳造」を行ったため、激しいデフレと景気の低迷を招きました。もし、このまま白石が権力をほしいままにしていたら江戸幕府は景気の悪化と財政難で倒れていたかもしれません。

ところが、奇跡が起こります。なんと、白石が担いだ7代将軍・家継は権力の座についてからたった3年で病死してしまいました。そして、その後を継いだのが「暴れん坊将軍」こと8代将軍・吉宗です。

白石の横暴と経済政策の失敗は誰の目にも明らかであり、吉宗は真っ先に白石を失脚させました。これで政策が大きく転換されるかと思いきや、残念！　実は、白石を追放した吉宗は、白石に輪をかけた〝シバキ主義者〟だったのです。

吉宗が白石を排除したのは、経済思想の違いというよりは、結果も出せないのに偉そうなことばかり言う白石が邪魔だったからに過ぎません。吉宗の行った「享保の改革」も当初は白石と同じく、「質素倹約」「贅沢禁止」であり、「緊縮財政による財政健全化」を目指すという誤ったものでした。もちろん、「貴穀賤金」的な考え方にも支配されていました。

白石のことをここまでさんざん批判してきましたが、当時の武士たちが「貴穀賤金」的な発想に陥ってしまうのは仕方ない面もありました。なぜなら、当時武士の給料は米の現物支給によって支払われており、「貴穀賤金」的な世界こそが武士にとっては最も居心地のいい世界だったからです。

もちろん、吉宗も「石高制（＝米本位制）」を頑迷に信じていたので、米価高騰こそが幕藩体制を維持するための最優先課題と考えていました。しかし前述の通り、当時は新田開発が盛んで米の生産量は飛躍的に増加していたため、米価の長期な上昇は見込めませんでした。

幕藩体制は、幕府や大名が米を年貢として取り立て、家来たちは位や働きに応じてその米を支給してもらうことで主従関係を維持しています。米を支給された家来たちは、その米を市場で売って現金を得て、米以外の生活物資を買っていました。米価が一定でも、他のモノの値段が上昇傾向にあれば、毎月給料が減っていくのと同じです。

当然、家来たちの忠誠心も低下します。

江戸時代初期はまだ日本人の生活レベルが低く、米の生産も人口増加に追いついていませんでした。そのため、あらゆる農作物の価格が主食である米価に連動して同じように動いていました。

ところが、吉宗の時代には米の生産量は人口を支えて余りあるほどに増加し、人々の需要は大豆や小豆や野菜など、いわゆる「諸色《しょしき》」と呼ばれた商品作物に移っていました。実はこの傾向は、５代将軍・綱吉の治世の末期、１７００（元禄13）年頃からすでに表れていたようです。

大石慎三郎氏の『江戸時代』によれば、この頃米価が下落しているのに豆腐の値段が下がらず、江戸市中の豆腐屋が一人残らず町奉行所に集められて厳しい吟味を受けたそうです。

すなわち領主や武士たちの経済は米で年貢や俸禄を入手し、それを売って得たお金で必要な生活物資を買入れるという仕組みになっている。〈中略〉

このような社会の仕組み（石高制社会の仕組み）は、米の値段が諸物価の中心となり、米の値段が上下すればそれにつれて他の諸物価も上下するということを前提としてはじめて成立するものである。そして、また事実江戸時代の前半期、つまり元禄時代ごろまでは完全にそうなっていたのである。
ところがここにきて（いわゆる元禄時代の終わりごろから）、米価が下落したにもかかわらず、豆腐の値段は従来と動きを異にして、上がったきりいっこうに下がらない。つまり、米価と諸色値段（米に対して、米以外の諸商品のことをひっくるめて諸色と呼んだ）の不整合という、今までとはまったく異なった新しい形の物価問題がおこってきたのである。〈中略〉
そのまま進行すれば、江戸時代社会の構築原理である石高制が崩れ、徳川幕府を頂点として組み立てられた封建体制が崩れ去ることは目に見えている。幕府当局が、たかだか豆腐一丁のことだといってほうっておけなかったのは当然のことである。（大石慎三郎『江戸時代』中公新書）

残念ながら、吉宗が行った享保の改革は石高制を貨幣経済に転換するといった抜本的な構造改革ではありません。あくまでも石高制という「聖域」は残しつつ、それ以外のことについて徹底的な構造改革をしたに過ぎません。

しかも、吉宗は大岡忠相から「貨幣の鋳造をすべし」という進言を何度か受けますが、当初は一切興味を示しませんでした。

8代将軍・吉宗の「米価高騰政策」

吉宗が採用した米価高騰策のうち、最も有名なのは世界初の先物取引市場である「堂島の米の先物取引」の推奨です。投機的な取引により米価が上昇することを期待していたそうですが、結果的に米価は上昇することはありませんでした。

また、酒造業を奨励することで米の消費を増やすという涙ぐましい政策も実施されました。おかげで、全国にたくさんの造り酒屋ができました。多種多様な地酒が日本全国にあるのは吉宗のおかげです。

しかし、これも米価高騰にはつながらず不発に終わりました。産業政策や価格統制というのはいつの時代にも成功したためしがありません。20年にも及ぶ努力もむなしく、吉宗の米価高騰政策はことごとく失敗しました。

1736（元文元）年、万策尽きた吉宗はついに大岡忠相の進言を受け入れます。これが「元文の改鋳」です。金銀の含有量を半分に落とした貨幣が発行されました。元文の改鋳は通貨発行益（シニョレッジ）を狙ったものではなく、デフレ対策として貨幣不足を解消するために実施されましたが、それでも100万両の通貨発行益が幕庫に転がり込みました。

また、下落していた物価が上昇に転じたことで、米価も上がります。当然、すでに吉宗が何年もかけて取り組んでいた年貢米徴収の強化がこのときになってやっと効果を発揮します。

年貢として徴収した米の価格が上がったため、幕府の財政にはかなりのゆとりが生まれました。金融政策の発動が遅きに失したとは言え、それ以外のあらゆる政策を徹底的に実施していた吉宗の作戦は初めて報われたのです。

なんと、財政再建達成です。素晴らしい！　吉宗が江戸幕府の「中興の祖」として尊敬されている理由は、まさにこの結果を生み出したことにあるのです。

吉宗は将軍を引退した後も「大御所」として、1751（寛延4）年まで権力を握り続けました。その後、9代将軍・家重《いえしげ》、10代将軍・家治《いえはる》に仕えたのが田沼意次です。意次の経済政策は「重商主義」と言われていますが、これはイギリスの重商主義とは似て非なるものです。

意次は「経済の掟」でいうところの「自由な商売」を奨励し、公共事業によって干拓や道路整備などを進めることで初期資本主義のインフラを整備しようとしました。

実は愚策だった「寛政の改革」

しかし、時代の変化についていけない人からは恨みを買うことになりました。田沼意次時代までは、享保の改革路線が継承されていましたが、１７８６（天明６）年に10代将軍・家治が死去すると、意次は失脚し、経済政策にも大きな揺り戻しが起こりました。

この揺り戻しこそが、松平定信が行った「寛政の改革」です。家斉《いえなり》は15歳という若さで11代将軍になりました。若い将軍の後見人となった定信は、新井白石のときと同じように愚かな緊縮政策に走ります。

しかも最悪なことに、定信が死んだ後も「寛政の遺老」という頑迷な幕臣が権力を握り続け、１８１７（文化14）年に松平信明《まつだいらのぶあきら》が死ぬまで約31年間にわたって緊縮政策が続きました。今でいうところの「失われた30年」ということでしょうか。15歳で将軍になった家斉はすでに49歳になっていました。

寛政の遺老の重荷が取れた家斉はやっと羽を伸ばすことができるとばかりに、人事を刷新しました。老中首座には、田沼派で遺老と対立し続けていた水野忠成が就任します。

経済政策は一気に緊縮モードから、リフレ政策へと転換しました。忠成就任翌年の１８１８（文政元）年には元文の改鋳から80年ぶりとなる「文政の改鋳」が行われました。

その後、忠成は１８３４（天保5）年に死去するまで何度も貨幣の改鋳を行いました。このことによって江戸の町には空前の好況が訪れます。そうです、これが歴史教科書にある「化政文化」というものの正体だったのです。

＊

ここまでお読みいただいてわかる通り、江戸幕府は成立当初三代で金銀のストックを使い切ると、その後は貨幣の改鋳を行って財政の穴埋めをしてきました。しかし、物価統計も整備されていなかった江戸時代で、管理通貨制度を維持するのはとても困難でした。

歴史教科書では「庶民は物価の高騰に苦しんだ」といった根拠のない記述がありますが、騙されないでください。物価の高騰よりも、幕府内の権力闘争によって老中の構成が変わることで、「リフレから緊縮へ」「緊縮からリフレ」へというかたちで何度も経済政策が転換されたことが真の問題でした。

もちろん、最大の問題は〝根拠なき緊縮政策〟が新井白石や松平定信などによって推進されたことでした。

幕府に余裕のあるうちは、誤った緊縮政策にも何とか耐え抜くことができましたが、幕末に近づくほど、その余裕も失われていきます。

忠成の死後、その遠縁の親戚に当たる水野忠邦が老中首座になったのは１８３９（天保10）年でした。大御所の家斉が１８４１（天保12）年に死去すると、重石の取れた忠邦が調子に乗り始めます。

自分のことをいじめた大奥や、対立していた幕閣を次々処分し、なんと寛政の改革を踏襲する政治を始めてしまったのです。またもや、緊縮政策に逆戻りです。しかし、もう幕府には、誤った経済政策のダメージを吸収する余力は残されていませんでした。

いや、世界が平和だったら何とかなったのかもしれません。しかし、当時の日本を取り巻く環境は、西洋列強による「帝国主義」と「植民地支配」という苛烈《かれつ》なものでした。緊迫する国際情勢の中で、「寛政の改革の踏襲」＝「天保の改革」などという〝お遊び〟をやっている暇はなかったのです。

Ⅲ　ぬるま湯を許さない国際情勢

「フェートン号事件」と「異国船打払令」

スペイン、ポルトガルによる世界侵略は、すでに江戸幕府成立以前から始まっていました。日本は彼らの要求に対して長崎の港を開き、制限貿易に応じるという〝第一次開国〟を行っています。俗にいう「鎖国」とは、字面とは裏腹に部分的な「開国」のことだったのです。17世紀の日本は東アジア最大の軍事大国だったので、西欧列強は「貿易を制限し、統制する」という幕府の命令に従わざるを得ませんでした。

しかし18世紀の半ばを過ぎると、イギリスは「産業革命」に成功し、これにフランスなど他の欧州列強が追随します。

さらに、新興国のロシアやアメリカも台頭してきました。19世紀になると、当時工業製品の原料として欠かせなかったクジラを追って遠く日本近海にまで頻繁に姿を見せるようになります。その頃、日本ではちょうど寛政の遺老たちが幅を利かせている時期でした。そのようなときに起こったのが「フェートン号事件」（1808／文化5年）です。

日本と交易を続けていたオランダが「ナポレオン戦争」により滅ぼされ、統領ウィレム5世はイギリスに亡命しました。ウィレム5世がイギリスに対して植民地の回収を依頼したため、イギリスはこれを口実にオランダ船の拿捕《だほ》やオランダ植民地への侵略を開始します。

イギリスのフリゲート艦フェートン号はオランダ船を偽装して長崎に入港し、出迎えに来たオランダ人商館員2人を拉致《らち》しました。そして、水や食料の提供を要求し、要求が聞き入れられない場合は攻撃すると脅しました。長崎奉行の松平康英はこれに対して、人質を救出して、フェートン号を焼き討ちしようと準備を命じました。

しかし、警護を担当していた鍋島藩が経費節減のため100名しか兵を置いていないことが判明し、薩摩藩、熊本藩、久留米藩、大村藩など九州諸藩に増援を求めました。そして、増援の到着を待つため、要求された物資を小出しにしながら時間を稼いでいたところ、増援が到着する前にフェートン号は人質を解放して出港していきました。

松平康英と鍋島藩家老ら数人は、この大失態の責任を取って切腹しました。また、幕府は鍋島藩主の鍋島斉直《なべしまなりなお》には１００日の閉門（事実上の禁固刑）を命じました。鍋島藩はこの事件の雪辱を期して、近代化を徹底的に進め、「明治維新」に大きく貢献しました。

この事件以降も外国船は日本近海に頻繁に姿を見せたため、１８２５（文政８）年に幕府は「異国船打払令」を出しました。

しかし、あまりにも頻繁に外国船がやってくるため、打払令などをやっていたら世界中と全面戦争になってしまいます。水野忠邦は老中首座に就任した翌年（１８４２／天保13年）に、「薪水《しんすい》給与令」を出して「異国船打払令」は撤廃されました。もはや外国との交渉を拒否するのは難しく、いずれ全面的な開国は避けられない状況になっていたのです。

〝第2〟の開国へ

１８４０年に支那大陸で「アヘン戦争」が始まり、１８４２年には「南京条約」が調印されています。江戸幕府は何も知らなかったわけではありません。オランダや支那からもたらされる風説書《ふうせつがき》の情報により、この手の国際情勢についてかなり詳しく把握していました。

ちょうどこの時期に老中首座に就任した水野忠邦も、イギリスの恐ろしさは十分わかっていたことと思われます。イギリス船を撃沈しようものなら、日本も支那と同じ運命になることは明白でした。

忠邦は腹心の部下で当時佐渡奉行だった川路聖謨《かわじとしあきら》に対して、「遠国の義に候得ども、則ち自国の戒めに相成るべくと存じ候。浦賀防御の建議未定、不束の事どもに候」という手紙を書き送っています。経済政策ではまったく役立たずの忠邦でしたが、外交政策に関してはとても冴えていたようです。

例えば、自民党のある幹部は、外交がわかる政治家としてピカイチの存在です。しかし、経済政策に関しては財務省からレクされたことをそのまましゃべります。私は自民党が野党だった民主党政権時代にこの人とあるパーティーでお会いしたときに、今のアベノミクスのようなリフレ政策の重要性について語りました。

しかし、彼は「金融緩和をしてもお金が銀行に溜まるだけで何も起きない」と言い放ちました。外交では抜群のセンスを発揮しているのに、とても残念でした……。おそらく、水野忠邦という人もこんな人だったのではないかと思います。

忠邦は江戸や大坂が外国の侵略を受けた場合、幕府の天領や大名領、旗本領などが入り組んでいると防衛に支障をきたすと考えました。そこで、江戸、大坂の中心部10里四方以内にある大名領、旗本領をその外側にある幕府の天領と交換する方針を固め、「上知令」（１８４３／天保14年）を発布しました。

しかし、上知令は極めて評判が悪く、これまで忠邦を支持していた老中・土井利位《どいとしつら》の裏切りによって忠邦は失脚させられました。やはり、幕藩体制が続く限り、大名の既得権にメスを入れるのは不可能だったのです。

外国との関係が緊迫してくると、12代将軍・家慶《いえよし》は１８４４（天保15）年の6月に失脚中の忠邦を呼び戻しました。ところが、天保の改革の評判はとても悪く、老中の安倍正弘らの反対によって１８４５（弘化2）年2月には再び老中を辞職させられてしまいました。

１８４６（弘化3）年の7月、アメリカ東インド艦隊のジェームズ・ビッドル提督が、2隻の軍艦を率いて江戸湾浦賀沖に来航、開国を求めてきました。しかし、このときはビッドルが弱腰だったため、江戸幕府は新たに外国と通商を行う意思がないことを伝え退去させました。

そして、その7年後の1853（嘉永6）年、ついにペリーが浦賀に来航します。

幕府は、オランダ風説書などを通じて事前にその情報をつかんでいました。黒船到来に合わせて、浦賀奉行が久里浜の海岸で「ボンベン・モルチール砲」と呼ばれる大砲の砲撃訓練をしたり、上陸した米海軍の水兵を「マスケット銃」で武装させた武士に警護させたりしています。しかし、これも無駄なあがきでした——。

「安政の開国」という第2の開国へ向けた流れは、もう誰にも止めることができなくなっていたのです。

第二部　資本主義を実践していた「大名」と「百姓」

第3章

大名と百姓のビジネス

「元禄」「元文」「文政」と、江戸時代の好況の陰には必ず「貨幣の改鋳」という〝金融緩和〟がありました。それが「江戸経済」に大きなプラスの影響を及ぼしたことについては、第一部で解説した通りです。

もちろん、貨幣の鋳造は単に財政難の穴埋めのためのご都合主義だったのかもしれません。逆に、「寛政の改革」や「天保の改革」という〝逆噴射〟も、経済観の違いというよりは、政治的な闘争の結果に過ぎなかったのかもしれません。ただ、いずれのパターンにおいても、金融政策が経済に与えたインパクトは、極めて大きかったことは間違いありません。

第二部では、主に金融政策を中心とした幕府の「マクロ経済政策」に翻弄される立場にあった、地方の大名や百姓（農民とは限らない）の動きについて解説します。ざっくり言うと、幕府の規定した経済全体の枠組みの中で、大名たちは、最初は調子に乗り、やがて困窮します。

これに対して、百姓（農民とは限らない）たちは、私たちが想像している以上に高度な資本主義を発展させていました。その驚くべき実態と日本が独自に作り上げた資本主義のメカニズムついて明らかにしていきたいと思います。

Ⅰ　江戸幕府のユルい政治力

「身体（経済）」と「衣服（政治）」の関係

経済と政治体制は、身体と衣服の関係になぞらえることができます。経済は成長する身体であり、政治体制というのは衣服のサイズ、デザインです。無理に窮屈な服を着せれば、成長が阻害されて具合が悪くなったりしますし、あまりにブカブカの服だと涼し過ぎて体調を崩してしまう場合もあります。

江戸幕府の場合もこの喩《たと》えが当てはまります。成立当時の身体の大きさや特徴に合わせて政治体制をカスタマイズし過ぎたばかりに、服のサイズが徐々に合わなくなっていく――。その最大の原因は、幕府が全国的な徴税権を持たない構造的な歳入欠陥を抱え込んだことにあります。

ところが、日本という国の身体（経済）は、幕府側のそんな事情にはお構いなく成長していきました。幕府は身体が大きくなって衣服のサイズが合わなくなると、仕方なく継ぎはぎして何とか誤魔化してきましたが、幕末に至って身体が大きくなり過ぎてしまい、ついに古い衣服（幕藩体制）を脱ぎ捨てて、新しい衣服（明治新政府）に着替えたわけです。

明治維新について考えるとき、歴史教科書のように政治体制の変革ばかりに偏ってしまっては本質を見失います。それはあくまでも、身体を包んでいる衣服の話だからです。

なぜ、衣服を着替えざるを得なかったかと言うと、そこに「身体の成長」、つまり「経済の発展」がありました。

規制下でも発展した「江戸小紋」

もちろん、経済の仕組みを規定しているのは、その時代の政治制度という側面も無視できません。特に、マクロ経済政策は政治的に決定されるものですが、実際に経済に与える影響は極めて大きいと言えます。

確かに経済は、幕府が定めたある一定の枠組み（規制）の中で動きます。しかし、成長の過程でその規制が邪魔になってきたり、規制そのものが有名無実化したりする場合もあります。

例えば、江戸時代にはたびたび「贅沢禁止令（奢侈《しゃし》禁止令）」が出されました。その理由は後述しますが、町民の着る服の材質や色など、いろいろと細かい規制があったことは歴史教科書にも書いてあります。

ところが、この規制によって日本の繊維産業は衰退するどころか、むしろ規制の網の目をくぐって発達してしまいました。現在でも残っている「江戸小紋」がまさにそれです。

もともと譜代大名が着けていた裃《かみしも》のプリントから発展した江戸小紋は、遠くから見ると無地に見える細かい模様の型染めが特徴です。贅沢禁止令が定める素材や色の規制の中で、なぜか鼠色《ねずみいろ》は「お構いなしの色」とされていたことをうまく逆手に取りました。

染め職人たちは技術を競い、鼠色系統の〝染め分ける技術〟が発展したのです。この技術は現代にも受け継がれています。東京都墨田区にある「大松染工場」のホームページには次のような話が紹介されています。

ここで江戸の粋なお話を。先の奢侈禁止令の中、江戸っ子は粋な反発をしていました。

着物地、染め色の規制された中、着衣の裏地に趣向を凝らして粋を競い合い、禁止されている正絹、染め色も、派手な色合いなどで隠れたところに贅を尽くす「そこ至り」や、山東京伝の書いた小紋雅話に出てくる世相を揶揄《やゆ》するような「ごぼうの切口」「鰻《うなぎ》の蒲焼き」「かたつむり」などの紋様などがあったり、「粋」と「繁栄」があり、今の時代に大きな文化的な基盤を遺してくれた時代ではないかと感じます。（「大松染工場」ＨＰ）

人は一度いい生活をしてしまうと、なかなか生活レベルを元に戻すことはできません。それは現代人だけの特質ではなく、オシャレを覚えてしまった江戸の町民だって同じだったのです。

こういった江戸の町民や地方在住の百姓（農民とは限らない）たちが、江戸時代中期から徐々に経済の中心に躍り出ました。確かに、４００万石という最大の石高を有する江戸幕府は３００諸侯の中では筆頭ではありますが、それでも日本全体の経済規模３０００万石に比べれば１割強の存在でしかありません。

しかし、全国の大名の経済力を合わせても、その背後にいた石高では表しきれない百姓（農民とは限らない）の経済活動と比べればごく一部でしかありません。経済のトレンドを作るのは大多数の一般国民であるという現代でも通用する「経済の掟」を無視することはできないのです。

最も重要なポイントは、日本における資本主義の発展のスピードは、幕閣たちが考えている以上にずっと速かったということです。江戸幕府が成立した当初は豊富な金銀の採掘量と米を中心とした物価変動により石高制という制度が安定していました。そのため、経済は政治的に定めた制度の枠内に何とか収まりきっていました。

しかし、1643（寛永20）年に金銀の産出がピークを迎え、その体制に綻《ほころ》びが目立ち始めたこと、農業生産力が飛躍的に向上したことなどによって、経済は政治の規定した枠組みを越え始めます。まさに、「成長に伴う、身体と衣服のミスマッチ」みたいなものです。

そしてその綻びは、幕府と大名たちにとっては「財政難」というかたちで現れました。

豊臣家より、徳川家が選ばれた要因

江戸幕府が「幕府」と呼ばれるようになったのは、幕末の水戸学の影響によるもので、幕末のごく一部を除いて幕府は「公儀」と呼ばれていたことはすでに述べました。歴史教科書では豊臣秀吉が幕府を開かなかったことになっていますが、関ヶ原の戦い以前は豊臣秀吉が「公儀」でした。そして、秀吉の死によって「公儀」が揺らぎ、関ヶ原以降「公儀」は徳川家康に移りました。

安土桃山時代と江戸時代の区分というのは歴史教科書にあるほどはっきりしたものではありません。家康が征夷大将軍になった時点をもって江戸幕府成立とする考え方もありますが、家康が弱小大名だったら、そんな名目など無意味です。家康は新たな「公儀」として台頭するために十分な力を持っていたからこそ、征夷大将軍の大役を立派に勤め上げることができたのです。

つまり、役職として征夷大将軍を拝命するからには、家康はそれ以前からすでに「征夷大将軍級」の力があり、配下に多くの大名を従えていたということになります。天皇はそれを追認しただけであって、実は将軍任命時点で、すでに家康が「公儀」を体現する存在になっていました。

では、なぜ多くの大名は徳川家を筆頭として連合政権を樹立することに同意したのでしょうか。同じ「公儀」であっても、秀吉的な「公儀」よりも、家康的な「公儀」が選ばれたのには何か理由があったはずです。

秀吉がなぜ朝鮮出兵を行ったのか、その理由ははっきりしていません。当時の東アジアをスペインが侵略していたことは織田信長の頃から知られていましたから、当然これらに対抗しようとする意図もあったでしょう。

秀吉の頃には、支那と日本以外はほとんど植民地化されてしまった状況でしたし、キリシタン大名を使って日本を侵略する陰謀なども発覚していましたから、この意図が一番強かったのかもしれません。

もちろん、当時国内に50万人いたと言われている武士たちの「失業対策」という側面もあったでしょうし、信長のやりかけの事業を継承しただけかもしれません。

秀吉や五大老と言われた有力大名はいろいろなことを考えて朝鮮出兵という戦略を選択しましたが、それ以外の大名たちにはどうもその戦略は共有されていなかったようです。いや、五大老ですら怪しい。なぜなら、２度目の朝鮮出兵の最中に秀吉が死去すると、日本軍はそれまで連戦連勝だったにもかかわらず朝鮮から撤退してしまいました。

大名たちが「公儀」を支えるインセンティブというのはあくまで「一所懸命」です。自分が苦労して獲得した領地を守り切ること、それを保証してくれる「公儀」であるからこそ言うことを聞いてくれるわけです。

大名たちが朝鮮出兵に協力したのは、あくまでも自分の領地を守るために必要だったからです。大名たちにとっては、スペインによる日本侵略という脅威よりも、隣国の大名による侵略のほうがよほどリアルに感じられたことでしょう。

秀吉が仮に国際的な安全保障の観点から朝鮮出兵を決断していたとしても、大名にとっては単なる無茶振りにしか映らなかったかもしれません。だからこそ、秀吉が死んでしまったら、もう無茶振りに付き合う必要がなくなり、とっとと撤兵してしまったわけです。

もともと大名にしてみれば、「刀狩」や「太閤検地」は内政干渉でしたから、当然と言えば当然です。部活で喩えるなら、パワハラ全開の怖い先輩が卒業したら、後輩たちの間に「もうちょっとユルくやろうぜ」という空気が流れるみたいな話です。

「参勤交代」の嘘

「関ヶ原の戦い」とは、かつて「公儀」であった秀吉路線にNOを突き付け、新しい「公儀」として家康を担ぐ戦いだったと言えるのではないでしょうか。家康に求められたのは、秀吉のようなシバキ体質ではなく、もうちょっとユルい感じの同盟関係です。

そもそも、幕府と大名の連合政権の本質とは、お互いが存在を認め合うことで共通の敵（敵対する大名や寺社勢力など）を殲滅《せんめつ》するという「双務性」的な同盟です。関ヶ原以降、大坂冬の陣、夏の陣を経て、徳川家と大名たちのコンセンサスはより強固に形成されていったと考えられます。

そして、殲滅すべき外敵である豊臣家を滅ぼした後は、新たな敵が出てこないように体制を強化する必要があります。徳川家を中心とする幕藩体制を強化するためにお互いが協力した理由はまさにこれです。幕府と大名がお互いの領分を侵さない代わりに、幕藩体制の維持に協力するという合意ができ上がったわけです。

3代将軍・家光の頃まで、幕府は諸藩の大名に対して金銀を配りまくりました。戦乱からの復興資金も確かに必要でしたが、何よりも「江戸幕府が成立してよかった」と思わせ、幕藩体制維持のインセンティブを高めるためです。

大名はこれに応えるように、幕府との顔つなぎのために自ら進んで妻子を江戸に住まわせ、自身も積極的に参勤します。江戸時代は何よりもコネがモノを言う時代でしたから、こうやって顔つなぎをしておけば将軍家に覚え目出度《めでた》く、何かと利権にありつけるという嗅覚が働いたのかもしれません。

いずれにしても、日本国内で殺し合いをしていたときよりは、ずっと平和的に競争をする時代になったことは確かです。

ところが、歴史教科書にはこの点について次のように書かれています。

> 幕府は、武家諸法度という法律を定め、大名が許可なく城を修理したり、大名どうしが無断で縁組したりすることを禁止しました。大名の参勤（江戸に来ること）は主従関係の確認という意味があり、第3代将軍徳川家光は、参勤交代を制度として定めました。これ以降、大名は1年おきに領地と江戸を往復することになり、その費用や江戸での生活のため多くの出費をしいられました。
>
> （『新しい社会 歴史〈平成26年版〉』東京書籍／p105）

まるで、北朝鮮のような管理社会が到来したかのような書き方です。妻子を人質に取られて多額の費用をかけて江戸に参勤することで、大名は徳川家との主従関係を刷り込まれたみたいですね。江戸幕府は「秀吉のときより、もっとユルくやろうよ」と言って集まったはずなのに、ずいぶんニュアンスが違います。

もちろん、この教科書の記述は歴史的な事実に反します。まずは原典に当たりましょう。家光が改正した「武家諸法度（寛永令）」には、参勤交代について次のように書かれています。

大名小名、在江戸の交替相定むる所なり。毎歳夏四月参勤致すべし。従者の員数近来甚だ多し。且は国郡の費、且は人民の労なり。向後其の相応を以て之を減少すべし。

参勤交代の際に連れてくるお供の数が増えると、領民の負担が増えるので相応に人数を減らしなさいと書いてあるじゃないですか！　財政的に困窮させるどころか、家光は大名の負担を心配し、結果的に領民を苦しめるのではないかと懸念しているわけです。歴史教科書の記述とはずいぶん違います。

幕府が大名に対して「参勤交代によって諸藩に多大な経済負担を強いた」というのは、結果的にそうだったかもしれません。

しかし、それはあくまで時代が下ってからそうなっただけで、最初からそれを意図していたかというとちょっと言い過ぎのようです。そもそも、江戸への参勤は大名の側から進んで行ったものですから——。

Ⅱ　「平和」が経済成長の大前提

戦争終結で「消費」と「投資」が急増！

戦争が終わって平和になると、押さえつけられていた人々の欲求は爆発します。第二次世界大戦による戦時統制が終わった直後から、アメリカの消費が爆発し、大変な好景気になりました。これは一種の「経済の掟」であり、いつの世でも変わりません。もちろん、日本の江戸時代であろうと、この掟から逃れることはできません。

1600（慶長5）年「関ヶ原の戦い」、1614（慶長19）年「大坂冬の陣」、1615（元和元）年「大坂夏の陣」が終わると、その後1637（寛永14）年の「島原の乱」まで大きな戦争はありませんでした。つまり、関ヶ原の戦いから3代将軍・家光が没する1651（慶安4）年までの約50年間で、江戸幕府は諸侯の反乱を抑え込み、比較的戦争が少ない平和な時代が続きました。

もちろん、その時代がタダでやってきたわけではありません。新たに「公儀」として認められるために、幕府は諸侯に金銀の大盤振る舞いをしたことはすでに述べた通りです。全国の大名たちが少しでもその恩恵にあずかろうと、頼まれもしないのに江戸に妻子を住まわせたり、自ら参勤したりしていました。

家康から数えて3代目まで、大盤振る舞いをしたことで反乱の芽を摘み、平和が実現したのです。江戸幕府は「公儀」として認められて、その後200年以上続いた幕藩体制の基礎がかたち作られました。

政治的な妥協の産物だったしても、このばら撒きは一種の「マクロ経済政策」です。鉱山から掘り出した金銀を大名に配れば、大名たちも無駄遣いしてその金銀は市中に溢れます。そういう意味ではこの大盤振る舞いは、ある種の「財政金融政策」でした。

また、新たに掘り出した金銀（貨幣）で大名に補助金を与えたという文脈で捉えれば、これは「財政ファイナンス」でもあります。現代風に言うなら、「政府が発行した国債を日銀が国債を直接引き受けて、それを財源に政府が財政政策を行う」というのと同じです。

マクロ経済政策の変更は、当然のことながら人々の投資や消費の行動に大きな影響を与えます。戦争終結というタイミングと、大規模金融緩和と幕府と大名の大盤振舞いが重なって、江戸時代初期の需要は爆発しました。

当時は、統計などが整備されておらず正確なことは言えませんが、米に限らず「衣・食・住」のあまねくすべてで需要が増加したのです。

高品質の「衣・食・住」を求める日本人

まずは「食」と「住」の分野ですが、端的に言えば、新田開発と全国的な流通網の整備を空前の好況の証拠として挙げることができます。戦争終結に伴って、江戸や大坂、そして地方の城下町などの「巨大都市」が建設されました。これは「住」の分野における〝巨大な需要の爆発〟とも言えます。

そして、都市部に住む人が増えれば、「食」の分野においても需要が爆発します。大都市の人口が増加し、一大消費地となれば、全国各地から様々な物資を輸送する事業が盛んになりました。なぜなら江戸や大坂のような大都市に米を輸送すれば高く売れるからです。儲けを求めて、大名や商人たちは船による米の輸送を開始します。

1620（元和6）年に仙台藩が江戸へ、1621（元和7）年には小倉藩が大坂への廻米《かいまい》を直営事業として「起業」しています。

また、歴史教科書でお馴染みの「菱垣廻船」は1619（元和5）年に登場しました。菱垣廻船は米に限らず、木綿・油・綿・酒・酢・醤油などの商品を大坂から江戸に運んだそうです。


次に「衣」の分野について。その需要の爆発を端的に証明するのは、江戸時代に何度も出された奢侈禁止令です。

江戸初期においては1628（寛永5）年に身分に関係なく出された奢侈禁止令が有名です。農民は絹を着てはいけないとか、柄物を着てはいけないとかそういう内容のお触れです。歴史教科書では江戸時代がまるで北朝鮮のような統制経済だったかのように記述されていますが、実際にはまったく違います。

江戸時代初期には戦争終結に伴い平和が到来したことから、武士階級を中心に支那産高級絹織物への需要が爆発的に増加しました。古代の昔から日本には絹は存在しましたが、現在の着物に使われている絹とは系統の違うものでした。

そのため、江戸時代以前から呉服屋が上流階級向けに用立てていたのは支那産の絹（白糸）であって、いわゆる和絹ではありません。これらは、支那から輸入されたもので、江戸初期においてその貿易はポルトガル商人によって独占されていました。
歴史学者の大石慎三郎氏は、当時の貿易の状況を次のように解説しています。

> 江戸時代のうちでわが国の対外貿易のもっとも盛んだったころと考えられる明暦元年（1655年 ※筆者注）の輸出入品を調べてみると、
>
> 輸入品　生糸　絹織物　皮革　香料　薬種　砂糖
> 輸出品　金・金製品　銀・銀製品　銅・銅製品　樟脳《しょうのう》
>
> となっている。
>
> 輸入品の主力はいうまでもなく生糸および絹織物であり、金額的にいえばこの二品で当時のわが国の輸入はつくされているとしてよいくらいである。
>
> 一方輸出のほうは金・金製品、銀・銀製品が、輸入の生糸・絹織物に匹敵する地位を占めていた。
>
> つまり当時のわが国は生糸・絹織物を輸入して、その見返り品として金銀を出して収支のバランスを取っていたのである。〈中略〉
>
> さてこの金銀であるが、これは今日の概念からいえば輸出品というより貿易の支払い手段としての貴金属と見做《みな》したほうがよいので、当時のわが国の貿易構造は輸入品

のみであって輸出品なしの完全片貿易であったということになる。（大石慎三郎『江戸時代』中公新書）

歴史教科書の記述では、家康の時代に朱印船貿易が盛んだったとされていますが、その理由は当時の日本が空前の「消費ブーム」だったからです。人々の需要が旺盛だと、国内の生産が追いつかず、輸入が増えます。

輸入が増えるのは決して悪いことではありません。ただし、この当時の問題は、日本への輸入品の大半が支那産の絹や絹織物であったのに対して、日本からの輸出品が金銀などの鉱物資源だったということです。当時の日本には自動車や家電製品を作る技術はありませんでした。

金銀は無尽蔵ではありません。掘り続ければ、いつかはなくなってしまいます。つまり、絹を輸入して金銀を輸出するという貿易構造は、最初から長続きしないことはわかっていたのです。

江戸時代の貿易

1643（寛永20）年には日本の金銀の産出はピークを迎え、それ以降はストックした金銀を少しずつ取り崩して使う状況になります。それでも、そのストックがあまりにも膨大だったので、3代将軍・家光まで、幕府はお金にまったく苦労しませんでした。本当に金欠になってしまうのは5代将軍・綱吉の頃からというのは第一部で解説した通りです。

「1628（寛永5）年になぜ奢侈禁止令が出されたのか」を経済的な観点から見れば、まさにこの将来的な金欠を予測して、金銀の流出を止めようとしたことにあります。

大雑把に言えば、鉱山から掘り出された金銀は、幕府を通じて諸大名にばら撒かれ、諸大名はその金銀を呉服屋に渡して絹織物を得ます。呉服屋は絹織物を輸入しており、金銀はその対価として当時「絹（白糸）貿易」を独占していたポルトガル人に渡りました。結果として、国内の金銀は海外に流出してしまうことになります。

これは単純なようで、とても複雑な事象です。なぜなら、金銀というのは鉱物資源であると同時に、当時の「国際通貨（貨幣）」だからです。金銀を採掘することは、貨幣を発行することと同じ意味を持っています。絹と金銀の交換というのは、現代的な意味でいう繊維製品と鉱物資源の交換ではないというところが大きなポイントなのです。

　また、当時の国際通貨である金銀と、現在の国際通貨である米ドルとは大きな違いがあります。米ドルは紙や電子データであり、無限に発行することが可能です。ところが、金銀は埋蔵量という限界があり、掘り尽くしたらそれ以上は発行することができません。

　さらに、米ドルはアメリカ政府および中央銀行でなければ発行できませんが、金銀はそれが埋まっていれば誰でも掘り出すことができます。

　当時の日本には大量の金銀の埋蔵量がありました。現代に喩えるなら、米ドルが地下に埋まっていたようなものです。日本は海外から大量の絹（白糸）を輸入し、その代金として言ってみれば地下に埋まっている〝米ドル〟を掘り出して支払っていました。当初はその埋蔵量が莫大だったので、誰も心配をしませんでした。

　ところが、毎年大量の絹織物を輸入し続ければいつかその埋蔵量も底を尽きます。もちろん、そのときには「貿易の決済代金が払えない」という直接的な問題が発生します。しかし、問題はそれだけではありません。

金銀は当時の国際通貨であると同時に、日本の国内通貨でもありました。つまり、金銀の海外流出は「日本国内の貨幣量の減少」を意味したのです。

貨幣量が減少するとデフレが発生します。デフレになれば人々は金銀を死蔵し、モノと交換することを先延ばしするようになります。モノが売れなければモノの値段は下がります。幕藩体制の基礎となっている石高制において、米価が下落基調を続けることは極めて大きな問題です。奢侈禁止令によって、絹（白糸）への需要を抑制し、金銀の流出を防ごうとした理由はまさにこの点にあったと言えるでしょう。

もちろん、当時の幕閣はここまで経済的な知識を持ち合わせていなくて、単に長崎から流出する金銀の量が多過ぎたことに危機感を持っただけかもしれません。

いずれにしても、江戸幕府が北朝鮮の独裁者のように凶悪で、庶民を苦しめて喜んでいたわけではなく、商業的な都合や、経済的な理由によってこのような禁止令が何度も発令されたという点が重要です。

江戸時代初期は「朱印船貿易」が盛んで、東南アジアには多くの日本町も形成されていたのに、家光の時代になって、突然制限貿易（鎖国）に移行した理由も奢侈禁止令と同じです。自由に貿易を続ければ、タダでさえ枯渇している金銀がますます減ってしまいます。

金銀以外にさしたる輸出品がなかった当時の日本としては、貿易量を制限する以外この状況に対応することができませんでした。だから、鎖国をして、金銀の流出を抑制することにしたわけです。

歴史教科書だけを読んでいると、家光による独裁が強化されて日本が北朝鮮みたいになってしまったような印象を受けますが、事実はかなり違います。

「国際金融のトリレンマ」で江戸経済を解く

奢侈禁止令や鎖国によって金銀の流出を防止するという政策は、現代における「資本取引規制」に該当します。当時の日本の状況を「国際金融のトリレンマ」を使って解説してみましょう。

国際金融のトリレンマとは①固定相場制、②金融政策の自由、③資本取引の自由のうち、2つを選択すると残りの1つは必然的に達成できないという「経済の掟」です。

江戸時代の日本は、当初以下のようになっていました。

①　固定相場制　〇
②　金融政策の自由　×
③　資本取引の自由　〇

ところが、鎖国によって③が〇から×に変わったために、②の金融政策の自由を手にすることができるようになりました。

①　固定相場制　〇
②　金融政策の自由　〇
③　資本取引の自由　×

金融政策の自由が手に入ると、貨幣を自由に発行し、インフレ率をコントロールすることができるようになります。元禄時代に貨幣を改鋳して日本国内に空前の好況が再来したのは、なんと鎖国という資本取引規制をしていたからだったのです。

歴史教科書では、外国との関係を絶ち、国内には奢侈禁止令を出して人々の生活に介入した独裁政権のように書かれていますが、実際にはそんな善悪二元論の単純な話ではありませんでした。

当たり前ですが、当時の幕閣に国際金融のトリレンマを知る者はいません。金銀の流出を防止するという資本取引規制を導入したので、国内の景気対策に金銀の裏付けのない通貨を発行して国内景気の下支えができました。

しかし、そんな理論を幕閣は知る由もありません。とにかく金銀の流出を防ぐために、輸入の減少に合わせて人々の需要を抑制すればよいと単純に考えてしまったようです。

もちろん、こんなことをすればせっかくの金融政策の自由を、景気を悪くする方向に使ってしまうことになります。実体経済に様々な悪影響が出るのは当然です。綱吉が5代将軍に就いた当初は、まさに江戸幕府は「金欠」による不況の真っただ中でした。

では、江戸時代初期の天国から地獄に突き落とされた大名たちの生活は、どう変化したのでしょうか。

また、大名たちの没落を尻目に急成長を遂げた「商人（実業家）」たちについても考察していきましょう。

Ⅲ　江戸時代の実業家

早くも借金まみれの大名たち

金銀が流出する前の空前の好況期には、大名付きの「御用商人」たちがぼろ儲けをしました。特に、高価な反物を扱う呉服商は景気が良かったようです。元禄時代を代表する工芸家、尾形光琳《おがたこうりん》の実家は「雁金屋」という公卿付きの御用商人でした。

雁金屋は徳川家から後水尾《ごみずのお》天皇に嫁入りした東福門院（徳川和子）を担当しており、和子の衣装狂いのおかげで莫大な富を得ました。光琳は実家の商売が全盛期のときに生まれ育ったため、4人の妻と16人の子持ちという超バブリーな金満家だったようです。光琳の超ゴージャスな作風はまさにこのボンボン気質から生まれたものだと言っていいでしょう。

しかし、1678(延宝6)年に東福門院が死去すると、最大の顧客を失った雁金屋は一気に没落します。光琳の兄、藤三郎が何とか再建を期して頑張りますが、1697(元禄10)年に経営破綻してしまいました。幕庫の金銀が激減して、大名へのバラ撒きも終わり、「官需」を中心とした「呉服屋のビジネスモデル」は終わったのです。

もちろんその背後には、1643(寛永20)年にピークを越えてしまった金銀の産出というデフレ問題がありました。江戸幕府は成立して半世紀もたたないうちに、早くも構造的な問題に直面していたのです。歴史教科書では大げさに取り上げられる1628(寛永5)年の奢侈禁止令よりも、デフレ傾向を強めるマクロ経済環境の変化のほうが圧倒的に大きな影響を与えていたのでした。

江戸幕府が前ほど気前よく補助金をくれなくなると、江戸にある大名屋敷の維持や参勤交代も重い負担となります。

また、一度味わった贅沢はなかなかやめることができないというのが人間の性《さが》です。景気よく絹織物を大量購入していた贅沢を大名の妻たちはなかなか改めることができませんでした。

現在でも、事業が左前になっているのに絶頂期の消費態度を改められない経営者は多く、そのまま身を持ち崩してしまう人がいます。テレビなどのドキュメンタリーで取り上げられるのは、大抵こういう人です。

江戸時代の「借金」の種類

さらに大きな問題もあります。「火事と喧嘩《けんか》は江戸の華」なんて、のんきなことを言っている場合ではありません。江戸では数十年おきに明暦の大火のような大火災が発生し、その際に大名屋敷が焼けてしまうこともしばしばありました。そのたびに、再建費用として莫大な支出が必要となります。

大名が取り立てる年貢も、米を取り立ててそれを売却することで歳入とするため、世の中がデフレ基調を強めて米価が低迷すると、大名の懐《ふところ》事情にも極めて悪い影響が出ます。大名は参勤交代に伴う交通費や宿泊費に加え、江戸屋敷の維持費やこれらを支えるスタッフの人件費を常に負担しなければなりません。

また、歳入不足を補うために、現代で言うところの地方創生事業なども実施しており、そのために相当な投資資金を必要としていました。江戸幕府成立当初は、まだ戦国、安土桃山時代の名残りで京都や大坂に大口の資金提供を行う豪商たちがおり、大名たちは自然と彼らを頼って資金を借り入れました。
ちなみに、江戸時代の借金には、次の3つの類型がありました。

① **質入借金型（百姓、小市民型）**
② **書入借金型（寺社・武士・上級市民型）**
③ **無担保借金型（上級武士・大名型）**

（出典：大石慎三郎『江戸時代』中公新書）

「質入借金」というのは、現代で言うところの「質権設定」と同じです。ただし、昔は質権の設定範囲に関する規制がなく、農民は自分自身を質に入れて借金することが可能でした。

つまり、何らかの事情で農民が当座の資金繰りに困ると、まずは子供や妻の労働力を担保に、最後は自分自身を担保に入れて借金をすることになります。

田畑の担保価値が認められるようになったのは、田畑の生産量が飛躍的に増加した4代将軍・家綱以降の話です。それ以前は生産性が低く、年貢と自家消費でほとんどの作物がなくなってしまったので、人的担保しか取ってもらえなかったそうです。

ちなみに、質入借金の金利は「ゼロ」でした。だからと言って「なんて農民に優しい！」などと早合点してはいけません。借り手は金利を取らない代わりに、質流れになった人や田畑を「所有」し、働かせたり作物を作って売ったりしてお金を得ることができたからです。

どうせ金利をとっても返せないのは最初からわかっているので、金利をゼロにする代わりに質に入れたものから発生するキャッシュは全部いただくということです。

もし、家族や自分自身を質に入れて、それが流れてしまった場合、その人は一生使役奴隷のように働かざるを得ませんでした。漫画『闇金ウシジマくん』ではお馴染みの光景ですが、現在の法律に照らせばこれは明らかに違法行為です。良い子は真似しないでください。

これに対して「書入借金」は、現在でいうところの「抵当権」の設定とほぼ同じです。寺社や武士、商人などのように資産を持っている人は、万一債務不履行に陥った場合には、その資産を「借金のカタに差し出します」と約束します。書入借金には金利が付きました。

そして、大名や上級武士のように暗黙の政府（幕府）保証がある人たちは、超優良案件として「無担保融資（借金）」（金利あり）を受けることができました。京都の豪商たちが大名たちに行った貸付がまさにこれです。大名に貸すので、これを「大名《だいみょう》貸《がし》」と言います。これも金利が付きました。

現在の三井グループの基礎となった三井家も、当初は大名貸で巨額の利益を得ていました。越後屋を創業して三井家を日本一の商家に押し上げた三井高利《みついたかとし》は、1622（元和8）年に伊勢松坂で生まれ、13歳で江戸に出て兄の呉服店で修業を始めました。そして、修行を終えて独立すると、まずは金融業に進出します。主な融資先は紀伊徳川家などを中心とした大名たちです。

大名貸の総額は、最大で金1万1170両と銀50貫目（金1両＝銀60匁＝銀0・06貫目＝13万円として約16億円）でした。金利は7〜10％の無担保ローンです。現在のメガバンクの融資残高から見るととても少なく見えますが、当時は個人資産を無限責任で貸し付けていたので、これは相当な金額でした。

しかし、カリスマ経営者である高利は、大名貸が実は極めてリスキーであることを見抜き、1673（延宝元）年にアパレル業界に進出します。これがかの有名な、「越後屋」でした。

「政府保証」をあてにしてはいけない

三井高利の孫に当たる高房《たかふさ》は、三井家の大番頭だった中西宗助にすすめられ『町人考見録』という記録を残しています。これは高房が父である高平（高利の息子）に、京都の豪商たちがどのようにして没落していったかを尋ねて記録したものです。

この本の中で、高房は大名貸とは各地の大名の下に収納される年貢米を引き当てとした融資であり、実質的には米の先物取引と変わらないと指摘します。

ご存知の通り、商品先物というのは非常にボラティリティ（価格変動の度合い）が高く、リスクの大きな取引です。そういう取引に資産を重点配分してしまったら、予想外の値動きによってすべてを失ってしまう可能性があります。

金融システムが高度に発達した現代であっても、「リーマン・ショック」「欧州債務危機」「チャイナ・ショック」のような百年に一度と言われる経済危機は、ほぼ5年おきに起こっています。

貨幣経済や流通システムが発展途上だった江戸時代においては、不測の事態はいつでも起こり得ました。

『町人考見録』に登場する55人の豪商のうち、過半数以上の30人が大名貸に失敗して破産しています。大名たちは借金の返済ができなくなると、しばしば「お断り」してくるからです。中でも、あの「反原発」でお馴染みの細川護熙《ほそかわもりひろ》氏のご先祖である細川家は、たびたび不払い宣言をすることで有名だったそうです。

借金取りの名人だった高利でさえも、細川家向けの債権だけはどうしても回収できませんでした。『町人考見録』には「其内わけて細川家は前々より不埒《ふらち》なるお家柄にて、度々町人の借金断りこれ有り」と書かれています。

高利のようなカリスマ経営者はたびたび発生する大名向け融資のデフォルトを見聞し、孫である高房が後世悟ったことをすでに感じ取っていたのでしょう。「暗黙の政府（幕府）保証」をアテにして大名貸を行うのは一見ノーリスクに見えて、実は危ない取引だったのです。

現代でも同じことが言えます。ついこの間まで、支那経済は絶好調で、永久に高度成長が続くかのように言われていました。支那人民は株式投資に熱狂し、「○○という会社は共産党の幹部の息子が社長だから絶対に潰れない」などと噂し合って、投資先を選定していました。これは、江戸時代初期の大名貸とまったく同じ発想です。

しかし、実際にそういった暗黙の政府保証はまったく何の役にも立ちませんでした。

２０１５（平成27）年6月、５０００ポイントを付けた上海総合指数は突如として暴落し、翌年の1月には３０００ポイントを割ってしまったからです。

本書ではたびたび述べていますが、どんなに強力な政治権力であっても「経済の掟」には絶対に逆らえません。支那は政府主導の過剰投資によるキャッチアップ型の経済成長が限界を迎えていたのです。

高利が大名貸から足を洗って以降、諸国の大名はたびたびデフォルト騒ぎを起こしました。借金を返してもらおうと町人たちは町奉行所に訴え出ます。しかし、江戸時代の日本は法治国家ではありませんでしたので、相手が大名だとわかると町奉行は返済命令や差し押さえをしたりすることができませんでした。

奉行所は今でいう「和解勧告」を出して、当事者同士で内々に解決することを希望しました。もちろん、大名だってない袖は振れません。結局、貸し手は泣き寝入りということになります。

しかし、あまりにもデフォルトが頻発すると、貸し手はそのリスクを織り込んで新規の融資に際しては条件を吊り上げます。

また、貸し手が一人で行う大名貸はリスクが高いので、複数の貸し手が連合して貸し付けるスキームも開発されました。貸し手が複数になれば、貸し倒れリスクが分散できるだけでなく、いざ督促という段になったときに「一」対「複数」の交渉になるので貸し手側が有利になるからです。

現代でいうところの「シンジケート・ローン」ですが、なんとこんなに早い時期に日本の商人たちの手によって開発されていたわけです。これぞまさに「江戸の蓄積」と言っていいでしょう。

「大名の経済破綻」と「台所預かり」

大名のデフォルト頻発に伴い、かつては無担保だった大名貸は時代が下るにつれて有担保の書入借金へと変わっていきました。5代将軍・綱吉の頃には大抵の大名貸は有担保に変わっていたと言います。

大名たちは無担保の借金ができなくなった時点で反省して、生活習慣を改めるべきでした。このときに大名たちが健全財政に目覚めていれば、日本の歴史は変わっていたでしょう。

もちろん、そんなものに目覚めた大名はいません。いつの時代も役所というところは、予算があればあっただけ使ってしまうのです。徳川三代の平和で安定した時代に身についてしまった浪費癖は、そう簡単に治るものではありません。

大名が担保として差し入れるのが、その年に徴収される予定の年貢米です。これを「物成引当《ものなりひきあて》」と呼びます。借金の金額が少なければ、担保に差し入れるのはその年の年貢米ぐらいで何とかなりますが、金額が大きくなるとそうはいきません。

借金の金額がどんどん膨れ上がると、担保として差し入れる年貢米はその年の年分では足りません。1年後、2年後……と年貢米を担保として差し入れていくとどうなるでしょう。究極的には、徴税権そのものを担保として差し入れる事態に発展します。「まさかそんなことを誇り高き大名がするわけない」と思った人、甘過ぎです――。

三井高利が大名貸から足を洗ったのは1673（寛文12）年です。とっくに悪化していた大名の財政は、ここから幕末にかけての約200年の間でどんどん悪くなる一方でした。

後述しますが、例外は薩摩藩と長州藩ぐらいです。ただし、この二藩も当初は他の藩と同じく、莫大な借金を抱えていました。藩政改革が行われたのはかなり後になってからのことです。

大名貸の借金が返せなくなると、最後に徴税権そのものを債権者に譲渡する「台所預かり」という状態に突入します。これは江戸時代の借金の3類型で言うと、「質入借金型」に分類されます。江戸時代初期には無担保融資を受けられた大名の信用力は、ついに徴税権を質入しないと信用してもらえないほど地に落ちたということです。

1800年代前半に、信州北佐久郡岩村田藩が実際にこの台所預かりになりました。岩村田藩の場合は、債権者の八田家に対して藩主自ら台所預かりを申し出ていますので、さながら民事再生法か破産法適用といった感じです。

もちろん、債権者の八田家からは、欧州トロイカ（EU、ECB、IMF）がギリシャに求めたような厳しい条件を突きつけられています。

一、公用の臨時入用の他には、取り決め以外の仕送りは一切無心をしない。

一、今まで藩が持っている古い借金・債務などについては、八田家に一切迷惑をかけない。

一、領内村々からの年貢その他一切の収納物は、八田家がさしむけた手代に藩の役人が協力して取り立て、藩の倉に納めることをせず直接八田家が指定したところに納入する。

（出典：大石慎三郎『江戸時代』中公新書）

岩村田藩は完全に八田家に乗っ取られたようなかたちになってしまいました。これでは武士の面目も丸つぶれですが、残念なことに幕末にかけて、台所預かりはあまり珍しいことではなかったようです。しかも、どのケースにおいても、岩村田藩のように債権者から厳しい条件が付きつけられました。

しかもこの後、岩村田藩は領民たちの土地を八田家に質入して藩の財政を支えましたが、結局これも返済できず、ついに領地を八田家に引き渡さなければならないところまで追いつめられてしまったそうです。

もちろん、そんなことが実現したら大事件です。さすがに幕藩体制が崩壊したらまずいということで、最後は幕府が介入し、八田家に対して返済のリスケジュールを認めさせて事なきを得ました。

実は、明治維新の経済的な側面とはまさにこれです。結論を先に書いてしまうようで恐縮ですが、幕末は日本中の大名が「台所預かり」か「台所預かりになる寸前」でした。

幕府の力があるうちは岩村田藩のような調停が期待できますが、幕府が力を失えばそれも不可能となります。借金返済の見通しが立たなくなった債権者たちが貸し剝《は》がしに走れば、たちまち大名たちは破綻してしまいます。

逆に、大名たちが結託して借金の踏み倒しをすれば、国内経済は大混乱となります。誰かが間に入って、うまく話をまとめなければいけません。

経済、特に債務問題の視点から語るなら、明治維新とは「巨額債務問題をうまくまとめた改革」ということで問題ないと思います。

カリスマ経営者・三井高利

さて、話を江戸時代初期に戻しましょう。

三井高利は、１６７３（寛文12）年に大名貸から足を洗ってアパレル業界に進出しました。このとき高利はすでに52歳でした。

高利は息子たちに指示して、江戸本町1丁目に間口９尺の店を借りました。江戸本町は当時随一の呉服街として知られていた場所です。今で言えば銀座の中央通りか、渋谷の「１０９」みたいなものです。

高利がそこに開業したのは「三井越後屋呉服店」です。それは京都で仕入れた呉服を、江戸の町人向けに店頭販売する画期的なビジネスモデルでした。

高利は「現金掛値なし」をキャッチフレーズに選びました。当時、呉服店は顧客の元に出向く「屋敷売り」か、事前に注文を受けて後で顧客に届ける「見世物商い」が一般的でした。しかも、代金の決済は掛売りで、盆暮れの2回か、12月の1回払いが中心です。現代の言葉で置き換えるなら、訪問販売と通信販売を中心として、クレジット払いのみの商売ということです。

何か江戸時代のショッピングがものすごく進んでいるように見えますが、そんなことはありません。いわゆる現代の「富裕層ビジネス」みたいなものです。やたらとマージンを乗せた高級着物を小ロットで注文販売していただけですから、とても効率の悪い商売でした。

しかも、年に1回か2回しか支払いをしてもらえないために極めてキャッシュフローも悪い。仕入れ代金が先に発生するため、顧客から代金を回収できなければ貸し倒れのリスクもあります。大名たちの景気が良くて、半年後、1年後の支払いが確実であれば問題はなかったでしょう。

しかし、大名貸の貸し倒れが頻発するようになると決して割のいい商売とは言えなくなります。業界全体が古いビジネスモデルに固執して停滞していたときに、カリスマ経営者である高利は画期的な販売方法を提案しました。

「三井広報委員会」のホームページには次のように記されています。

経験を積んだ息子や人を配し、呉服店を開店させたとはいえ、当時の江戸にはすでに老舗大店が幾店も軒を連ねていた。このような難局に対し、高利は天才的な創意で新機軸の商法を編み出していく。その代表的な商法が「店前(たなさき)売り」と「現銀(金)掛値なし」である。〈中略〉

店前売りに切り替え、商品の値を下げ、正札をつけて定価制による店頭販売での現金取引を奨励した。現金売りによる収入は資金の回転を早め、二節季払いの仕入れ先には数倍活用された。

もうひとつは呉服業者間では禁じられていた「切り売り」の断行である。当時は一反単位の取引が常識で、どの店も一反から売っていたものを、客の需要に応じて切り売りし、江戸町民の大きな需要を掘り起こした。

このほか、「即座に仕立てて渡す」というイージーオーダーである「仕立て売り」も好評を呼び、越後屋はやがて江戸の町人から「芝居千両、魚河岸千両、越後屋千両」と呼ばれ、1日千両の売り上げを見るほど繁盛した。(「三井広報委員会」HP)

まさに爆発的なヒットでした。高利は時代の流れを読み、大名相手の富裕層ビジネスではなく、江戸の町人相手の量販店を経営したことによって巨万の富を得ることができたのです。

百姓たちの旺盛な購買力

これは単に、三井高利に商才があったというだけの話ではありません。１６７３（寛文12）年頃から、徐々に百姓（農民とは限らない）が購買力を付け、特に江戸の町人たちの消費は大名を凌ぐほど旺盛だったということです。

考えてみれば当たり前のことですが、江戸時代初期に幕府や大名たちが大盤振る舞いしたお金の多くは、絹織物の仕入れ代金に消えました。絹織物代の構成要素を細かく見ていくと、仕入れ代金の他に、輸送する人や販売する人の中間マージンなどが含まれていきます。

確かに、仕入れ代金として多くの金銀がポルトガル人に渡ったかもしれませんが、その途中で多くの日本人中間業者によって「ピンハネ」されていたことは間違いありません。

また、参勤交代の費用や大規模な土木工事の人件費などは当然、実際に作業した百姓（農民とは限らない）に支払われました。しかも、４代将軍・家綱以降になると、徐々に田畑の生産性が向上し、年貢を払って自家消費しても一部の作物が余るようになりました。これらを市場で売却することで農民も現金収入を得るようになりました。

マクロ経済には外部性がありません。時代が下るにつれて、幕府や諸藩が常に財政難に苦しんでいたということは、それだけ激しく使った金銭が誰かほかの人に渡ってしまったということです。

この点を考えていくと、「江戸時代の蓄積」のもう一つの側面が明らかになります。高利のような実業家が江戸の町人相手に商売を始めて大成功したということからしても、民間消費が経済を主導する「初期資本主義」が、江戸時代にほぼ確立していたと言えるでしょう。

第4章

借金苦に喘ぐ大名、アイデアに溢れる商人

I 「流通」の発達

「運送業」のビジネス・チャンス到来!

「消費」が変われば、「物流」も変わります。江戸初期は戦乱が終わったばかりで、「とりあえず米が食えればみんな満足」という時代でした。

第一部でも解説した通り、すべての農作物は米価に連動して上下し、江戸幕府や大名はそれを前提に、配下の武士に米の現物支給で給料を払う「石高制」を維持していました。

ところが、江戸幕府が成立して100年も経たないうちに、農村では余剰作物が作られるようになり、都市では消費が爆発してしまいました。旺盛な需要は物資の価格高騰を招きます。

もちろん、それは人々にとってはいいことではありませんが、ビジネスの観点から見ればそこに大きなチャンスが広がっています。

例えば、米が足りている地方から足らない都会に運ぶだけで、莫大な利益が得られます。価格差を利用して利ザヤを取る取引を「裁定取引」と言います。現在では、株の現物と先物の値差を利用した取引など、ありとあらゆるところで応用されている取引です。

当時は、船を一艘《そう》買って、米の産地で買い付けて、江戸や大坂などの大消費地に運ぶだけで莫大な富を得ることができました。江戸時代の海商は「輸送業者」であると同時に「商社」であり、裁定取引を行う「金融業者」でもあったのです。

しかし、江戸時代初期の海運業は、それ以前の時代の古いやり方を引きずっていました。戦国時代から安土桃山時代にかけては力がモノを言う群雄割拠の時代であり、海運事業においても、敵の襲撃から物資を守るという要素は不可欠でした。

よって、当時の海運業は、運送業者であり、商社であり、金融業者であると同時に、「民間警備会社（というか「海賊」）」の要素が非常に強かったのです。

もちろん、軍事力は売掛金の回収で大きな力を発揮しました。これは現代でいうところの失敗国家に武装勢力が乱立した状態です。海上輸送の商売においても、自分の身は自分で守るしかなかったのです。

江戸時代に入り平和が到来したにもかかわらず、当初は古い海上輸送網が温存され、整備が進んでいませんでした。もちろん、この時点で全国を結んだ流通網が存在したこと自体は驚きですが、それは大都市への大量輸送に耐えられるインフラではなかったのです。なぜなら、武装や警護を前提とした船では、積載量が少なく、大量輸送をする際にはコストが合わなかったからです。

廻米事業そのものは、豊臣秀吉の時代から盛んであり、1620年代に仙台藩や小倉藩が直営事業で江戸への廻米を始めていました。しかし、増え続ける都市の人口を支えるには、もっと大量にもっと安く物資を輸送する必要がありました。

日本の「産業インフラ」を作った河村瑞賢

海上交通網を大量消費時代にマッチするように整備改修したのは、河村瑞賢《かわむらずいけん》です。瑞賢は1618(元和4)年、伊勢度会郡の東宮村に生まれました。瑞賢が生まれた翌年、菱垣廻船が就航しています。東宮村は海に面していて、菱垣廻船が風待ちや潮待ちのためにたびたび入港した場所でした。

13歳で江戸に出た瑞賢は、39歳のとき（1657／明暦3年）に「明暦の大火」に遭遇しました。そのとき、江戸の町を再建するために材木が必要であることをいち早く悟り、木曽の材木を買い占め、同時に建設業を起業して巨万の富を得ました。その後、幕府の公共事業なども請け負うようになり、1670（寛文10）年には幕府の委託を受けて、東回り航路の整備事業を始めました。

東回り航路とは、江戸から小湊《こみなと》、銚子、那珂湊《なかみなと》、平潟《ひらかた》、小名浜《おなはま》を経由して、荒浜（現在の宮城県亘理《わたり》郡亘理町荒浜）に至る航路です。これは、江戸の東から北に位置する「徳川家の領地（天領）」と「江戸」を結ぶルートでした。

瑞賢の賢かったところは、もともとあった海上輸送網をうまくつなぎ合わせ、足らないところを補ってネットワーク化したことです。海運流通が専門の東北学院大学斎藤善之教授によれば、具体的には次のようなことだったそうです。

当時、米の生産地から消費地へと、全国的規模で、米をスムーズかつ安定的に動かす体制の整備が求められていました。ところが現実にはうまくいかなかった。

個別には当時の船がダメなわけでも、港がダメなわけでもない。ただ結局、全体的なシステムができていなかったのでしょうね。豪商に個別に請け負わせるのでなく、

システマティックに商品が流れていくような形に作り替えなければならなかったのです。〈中略〉
彼は、全国に点在した港や船の綿密な現地調査を行ったようで、まずはそれぞれの港や船の個性なり特性を見極めていったようです。
そのうえで、彼の豊富な経験に基づいて、たとえば港のここを整備・改修すれば、もっと効率よい港になるだろうと助言したり、さらには全国流通の見地から、このあたりには小さい港しかないが、そのひとつを全国的な寄港地として整備する、といったような方法で、航路として整備を行っていきました。（斎藤善之他『「商い」から見た日本史』ＰＨＰ研究所）

瑞賢は東回り航路に続いて、西回り航路、淀川河口の改修事業、越後高田藩の中江用水開削、上田銀山の開発など様々な公共事業に参入し大きな成果を挙げました。まさに、日本の産業インフラを作り上げたパイオニアと言っていいでしょう。

瑞賢は商人であったにもかかわらず、晩年には旗本に取り立てられています。ビジネスで成功した創業経営者が、政府の委員会の委員になるようなノリです。

瑞賢は海上輸送のインフラを整備しただけでなく、海難事故防止のために定期便の整理統合を行いました。1694（元禄7）年に「江戸十組《とくみ》問屋仲間」と「大坂二十四組問屋仲間」が結成され、菱垣廻船は両組合に所属することが義務付けられました。

また、菱垣廻船と競合する樽廻船《たるかいせん》には、菱垣廻船が取り扱わない7つの荷物のみ運ぶことを許可しました。まだこの時点では、海運業は幕府の監督の下に行われる許認可事業だったのです。

しかし、窮屈な許認可事業であってもこれは画期的な変化でした。なぜなら、軍需物資の輸送に特化していた江戸以前とは異なり、取り扱う商品や流通プロセスごとに特化した専門の商い集団が形成されていくことで、より多くの商品を安く運べるようになったからです。

このことによって、戦国時代に確立した軍需物資の輸送網が、消費社会を支える流通網へと進化したのです。

それはまるで、国防総省が開発したインターネットが、後に民間に開放されて一大産業になったことに重なります。インターネットの登場が私たちの生活を一変させたのと同じように、瑞賢の全国的な港湾ネットワークは江戸時代の経済や暮らしをガラリと変えてしまったのでした。

「天明の飢饉」と「第2次流通革命」

江戸時代の日本の人口は1000万人から3000万人ぐらいに増えましたが、特に増加ペースが速かったのは江戸初期から8代将軍・吉宗の享保年間にかけての期間です。この時点で、人口は約2・5倍増の2500万でした。

人口の増加に対して耕地面積は2倍増でしたが、干鰯《ほしか》を肥料とする農業技術の進歩などにより、単位面積当たりの収穫量が大幅に増えたため、何とか人口増加と食糧増産のペースは均衡していました。しかし、歴史教科書にもある通り、なぜか1700年以降の日本はたびたび大きな飢饉《ききん》に見舞われました。

実は、1450～1540年と1645～1715年の2回にわたり「太陽黒点」の極小期があり、太陽活動が停滞していました。そのため、14世紀から18世紀にかけては、北半球の気温は今より1・5℃ほど低く、「間氷期」と言われる期間に入っていました。

気候変動は、ときとして歴史を変えるきっかけになることがあります。寒冷化によって、食料生産量が減少し、人々の不満が爆発すれば、一揆や革命などの政治的なイベントに発展する場合があるからです。

ちょうどこの時期、ヨーロッパでは悲惨な魔女狩りとか、毛織物工業の発達とかいろいろなことがありました。フランス革命が起こったのも１７８７年です。

江戸時代の「三大飢饉」と言えば、「享保の大飢饉（１７３２〜３３年）」「天明の大飢饉（１７８２〜８８年）」「天保の大飢饉（１８３３〜３７年）」です。その中で最も被害が大きかったのは、１００万人近い人口減少（うち20万人は餓死者）を招いた天明の飢饉だと言われています。

天明の大飢饉は、火山の噴火などにより日照不足になって凶作となったことが直接の引き金です。しかし、天明の大飢饉の場合、自然環境だけが原因で被害が拡大したわけではありません。むしろ、被害の拡大に大きく寄与したのは〝人災〟の部分です。何を隠そう、その人災の部分には「流通網の整備」と「米の取引の活発化」という要素が大きくかかわっていました。

全国的な流通網が整備されたことによって、天明の大飢饉の１００年前から各藩は余剰米を江戸や大坂などの大都市に運ぶことができるようになりました。大消費地である東京や大坂のほうが米を高く売れたため、諸藩の大名はこぞって米を都会に運びました。

確かに、これは財政面から見ればとてもありがたいことです。しかし、米は税収であると同時に領民の食料であるという点を忘れてはいけません。

米の値段が高いからといって、備蓄を一切考えずにその年の余剰米をすべて売却してしまったとしましょう。翌年の気候も安定して平年並みの作柄なら問題ありません。しかし、冷夏や水害などに見舞われて凶作となると、余剰米どころか領民が食料として食べる分までなくなってしまいます。

1782（天明2）年の奥羽地方で冷害が発生し大きな被害を出しました。さらに、翌年には浅間山が噴火したことによって大規模な日照不足となり、東北と関東が大凶作に見舞われます。降り積もった火山灰は川底に溜まって、川の水位は上昇して各地で洪水まで起こしました。

2011（平成23）年に発生した「東日本大震災」のことを思い出してください。通常こういう場合、自治体や中央政府は備蓄していた物資を被災地に送り届けます。ところが、各藩には備蓄がほとんどありませんでした。

1783（天明3）年の時点で、江戸幕府が成立して200年近く経過しています。諸藩の財政状態はすでに破綻寸前の状態まで悪化していました。そうなると、現代と同じように各藩にも財政規律ばかりを重視する藩主や家老が台頭します。彼らは、少しでも年貢が余計に取れると、食料を備蓄する危機管理を怠り、財政赤字の穴埋めのために江戸や大坂で積極的に備蓄米を売却してしまったのです。

また、幕府も中央政府でありながら、諸藩から米を取り上げて被災地に送る権限は持っていませんでした。

財政状態が悪化していた諸藩にはそもそも米の備蓄があまりなかったうえに、仮にあったとしても米は「物資」であると同時に、「お金」だったため供出に消極的でした。もともと大名たちのＤＮＡには「一所懸命」が刻み込まれています。自分の領地が安泰なら、それ以外のことにはあまり関心がないのです。

本来ならば、すでに整備されている全国的な流通網を使って幕府が救援米を届ければ被害はここまで拡大しなかったはずです。しかし実際には、救援米はまったく届きませんでした。

江戸に流入した米は米問屋が売り惜しみをして、米相場が高止まりします。こうなると米価は自己実現的に高騰します。そして、米価高騰のニュースは諸国の大名たちフィードバックされ、タダでさえ少ない備蓄米はさらなる売り惜しみによって倉庫にしまい込まれました。

まさに、市場のリスクが顕在化し、悪い米価高騰を生むという悪循環に陥ってしまったのです。

もちろん、例外もあります。米沢藩や白河藩は備蓄米を放出したり、「買い占め禁止令」を出したりして被害を食い止めました。これらの藩では餓死者はゼロだったと言われています。しかし、こういった措置をとった藩は少数派であって、大多数は米価高騰を財政再建のチャンスとしてしかとらえませんでした。

しかし、民間においてこの米価高騰に別のチャンスを見出した人たちがいました。それは、菱垣廻船の配下にあった地方廻船問屋です。

彼らは、菱垣廻船や樽廻船に限って海上輸送を認可するとした幕府のルールを破って、独自に江戸まで米を輸送して莫大な利益を上げました。飢饉で食糧不足になっている手前、幕府もルール破りを黙認せざるを得ません。

「初期資本主義システム」の完成

この「規制破り」によって、河村瑞賢が幕府の公共事業によって整備した、いわば官製流通ルートではない、民間のベンチャー企業による〝新しい流通ルート〟が期せずして開けました。一度ルールに風穴があくと多くの人がそれに続きました。みんなが米を運べば、たちまち米相場は安定します。

しかし、これら民間業者は飢饉が終わってからも菱垣廻船の配下には復帰せず、むしろ菱垣廻船向けの荷物を低賃金で引き受けて競合関係になりました。なんと「運賃の自由化」までもが進んでしまったのです。幕府もいったん黙認した以上、ルールを元に戻すことはできなかったようです。

変化は航路や運賃だけではありません。前述の斎藤善之教授は、岡山藩の船の稼働状況を分析した結果、天明の大飢饉以降顕著な変化が見られると指摘しています。


近世前期までは、岡山藩領から江戸に向かう遠距離航路の船も、瀬戸内海あたりの近海航路の船もともに五百～八百石程度の中型船が使われていたのですが、天明飢饉以降、遠距離の船は、数がやや減少するとともに大型化し、近距離の船は、数が激増するとともに小型化していくという両極分解ともいえる特異な現象がみられたのです。

さらに船の増大は、複数の船を所有する船主の増大によって引き起こされていたこともわかりました。つまり一艘持ちの単純再生産型の船主から、複数船を所有する拡大再生産型船主への移行が、天明飢饉のもとで劇的に進化したのです。（斎藤善之他『「商い」から見た日本史』ＰＨＰ研究所）

きっかけは天明の大飢饉という緊急事態でしたが、かえってそのせいで幕府の介入が抑制され、新しいビジネスが生まれたのです。

江戸時代の経済は徐々に民間消費が中心になり、天明期には相当なウエイトになっていました。そこに、許認可事業である菱垣廻船、樽廻船よりも、安く、大量に、自由に、早く運べる新しいタイプの海上輸送が登場したのです。

まさにこれは、隠れた巨大なニーズの発掘でした。天明の大飢饉をきっかけに、日本の流通ネットワークは新興の民間企業によって支えられるようになりました。

これは単に、流通業だけの変化にとどまりません。これまで運びたくても運べなかった地方がマーケットに参入できるようになることを意味します。生産地は、消費地の動向を調べ、より高く売れるものをたくさん作ろうとします。これが「特産品ブーム」につながりました。

江戸時代初期には米の生産だけでアップアップだった農民たちですが、この時期には商品作物や工業製品など、より多くの利益を得ようと果敢にチャレンジするまでに成長したのです。

例えば、「かかあ天下と空《から》っ風」という言葉があります。これは「上州（群馬県）の女性は気が強い」という性格的な特徴のみを語っているのではありません。上州では養蚕《ようさん》業と機織《はたお》りで女性たちがたくさんお金を稼いでいて、家の中では夫より威張っていたという経済状態を表しています。

歴史教科書的な農民の妻のイメージは今で言う「専業主婦」ですが、実際には夫が農業に従事する傍ら、妻は家内制手工業を営むといったかたちが一般的でした。しかも、夫が従事する農業においても、米ばかりを生産しているわけではなく、市場で高く売れる米以外の商品作物を積極的に栽培していたりもしました。

つまり「安政の開国」を前にして、日本はすでに国内市場だけで、ほぼ「初期資本主義システム」を完成させていたのです。これこそが「江戸の蓄積」の本質と言っていいのではないでしょうか。

廻船問屋「右近家」と「内田家」

現代においてもそうですが、官需にばかり頼っている大企業は競争力を失います。東芝が粉飾決算によって自滅したように、時代劇によく出てくる「越後屋」的な政治権力と結びつくタイプの商人は衰退していきました。

天明の大飢饉を境に、北前船《きたまえぶね》や尾州廻船《びしゅうかいせん》といった海上交通のベンチャー企業が急増し、公共事業的な廻船事業は価格競争に敗れて退出していきました。新興の廻船問屋は地方を拠点として活動し、市場動向を見ながら需要の高い商品を早く、安く輸送するという新しいタイプの海商です。それはまるで宅配便の登場によって、日本郵政が独占していた小包市場に大きな変化が訪れたことと同じです。

流通が変われば、生産者の行動パターンも変わります。例えば、宅配便の代引きサービスの登場によって、信用問題を気にせずに個人向け通信販売を行うことができるようになったのと同じです。

北前船の代表的な廻船問屋である「右近家」は、まさに天明の大飢饉のときに蝦夷《えぞ》地の江差《えさし》で交易して莫大な利益を手にしました。そして、その利益を再投資してこれまでの一艘だけの運営から、複数の船を運営するようになります（次ページの図2参照）。

本店は越前海岸の南端、敦賀湾《つるがわん》のほぼ入口に位置する河野浦にあります。敦賀と大坂には別邸（支店）があり、市場の動向を調査すると同時に、一番有利な条件で取引するために各船に行先を指示していました。

積み荷の仕入れや売却は、常に市場動向を睨みながら行われました。しかも、船の回転率が下がらないように、入港した船はなるべく早く出港できるような手配もして

図２　右近家の持船の推移

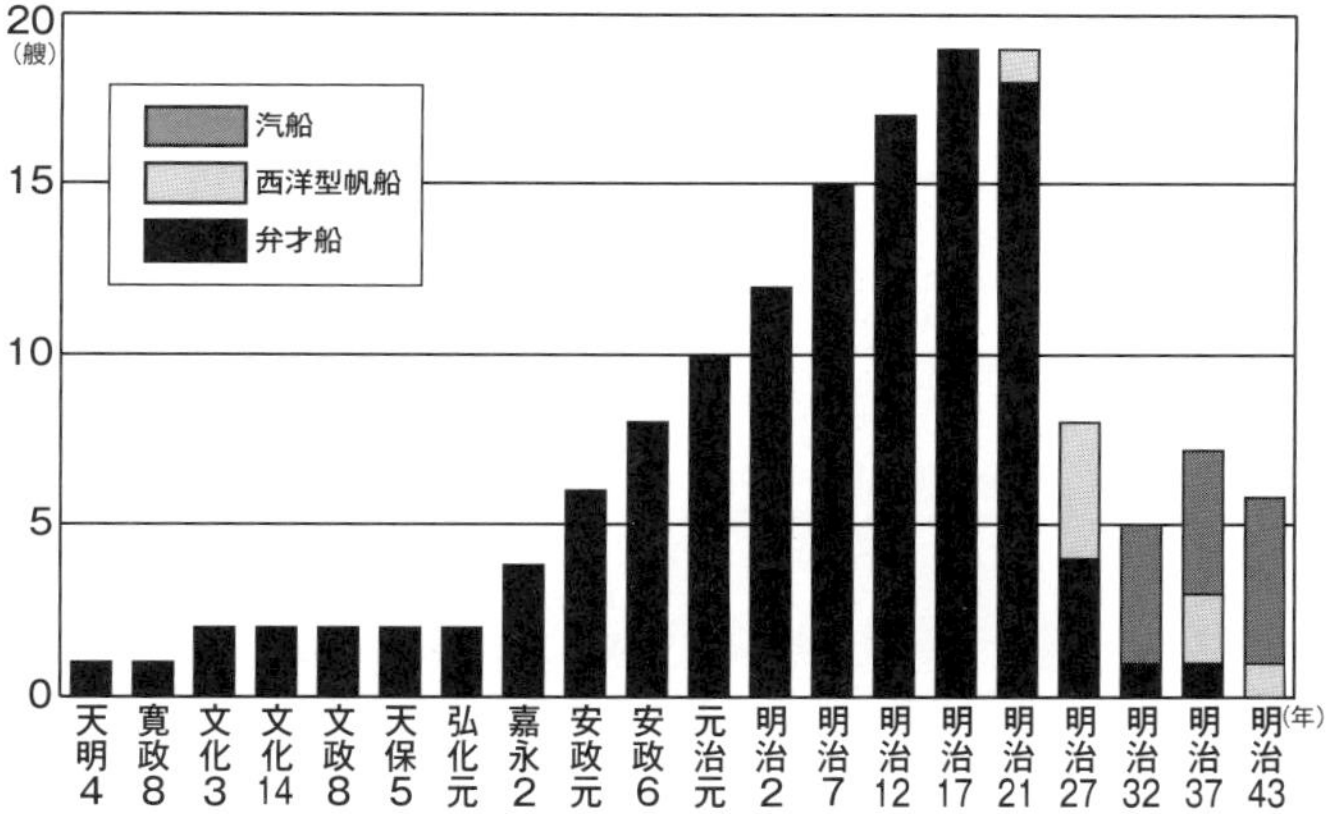

出典：南越前町観光情報サイトより

います。もちろん、これら拠点では船の修理や乗組員の交代なども行われていました。

右近家は明治維新以降、保険事業に進出し、現在の「損保ジャパン日本興亜」の前身となる「日本海上保険」を設立しました。11代・右近権左衛門は、日本海上保険の社長や会長を歴任し、1966（昭和41）年に亡くなっています。

北前船にやや遅れて、1819（文政2）年尾州廻船を立ち上げた内田佐七は見習い水夫からのたたき上げです。「内田家」は拠点を愛知県の知多半島に置き、幕末には10艘の船を所有する大企業へと成長しました。1817（文化

14）年に老中首座に就いた水野忠成による貨幣の改鋳が追い風となったのです。
尾州廻船の創業当時、景気回復により江戸は「グルメブーム」になっていました。寿司、てんぷら、蒲焼きなど現在「和食」と言われている多くの料理が爆発的に普及する時期だったのです。尾州廻船は三河地方で生産される酒、味噌、醤油、みりん、酢などの原料となる大豆や塩を運んで巨万の富を築きました。

また、グルメブームより少し遅れて今度は「旅行ブーム」が発生します。１８３０（文政13）年、いわゆる「お陰参り」という「伊勢神宮参拝ツアー」が爆発的にヒットしたのです。わずか数か月間で約２００万人が伊勢の神宮を参拝したと伝えられています。このとき、内田家は伊勢方面に大豆を売り込んで莫大な利益を上げました。

さらに、１８３３年から１８３７年まで続いた天保の大飢饉の際に、伊勢湾や瀬戸内方面から江戸に米を運び、またもや大きな利益を上げています。まさに、内田家は相場の申し子のようなマーケットオリエンテッドなビジネススタイルでのし上がっていきました。

内田家も右近家と同じく、明治維新以降も実業家として存続しました。鉄道の登場によって廻船事業が下火になってくると、いち早くその状況を見抜き、19世紀末には廻船業から撤退しました。

そして、3代目・内田佐七は知多半島で3番目の郵便局である「東端郵便取扱所」を開業しました。4代目・内田佐七は内海町長などを務める傍ら、「内海自動車合資会社」の創設と観光開発事業や「内海貯蓄銀行」「敷島製パン（Pasco）」の経営にも参加し、1969（昭和44）年に亡くなっています。

「海外貿易」の草分け、銭屋五兵衛

加賀藩の御用商人だった銭屋五兵衛《ぜにやごべえ》は1774（安政2）年に現在の金沢市に生まれました。代々五兵衛の実家は両替商を営んでいましたが、父の代には金融業、醤油醸造業、海運業にも進出していました。ただ、海運業の採算は思わしくなく、父の代で一度撤退していました。

五兵衛は1811（文化8）年頃、質流れの船を購入して再び海運業に参入します。加賀の米を蝦夷に運んで売却し、帰りは蝦夷の木材や海産物を運んで再び売却をするという商売は、非常にリスクが大きかったのですが、莫大な利益を生みました。

五兵衛はその利益を使って新たに船を購入し、50歳代後半には持ち船200艘という巨大廻船問屋に成長しました。蝦夷地との回漕業だけでなく、大坂の米相場や保険にまで進出し、一大コングロマリットを作り上げていきました。石川県金沢市にある「銭屋五兵衛記念館」のホームページには次のように解説されています。

宮腰の本店を中心に松前、青森、新潟、酒田、長崎、大坂、江戸など全国に34箇所の支店・出張所を設け、各地の得意先商人と信用取引や情報交換による全国的なネットワーク体制を確立、農水産物の生産状況、価格、景気の変動など頻繁に便船、飛脚に託して掌握、また為替による代金決済や海難事故に備えて荷主に保証金を事前に渡しておく「敷金積立制度」を導入した。（「銭屋五兵衛記念館」ＨＰ）

五兵衛は経世家（経済思想家）の本多利明や発明家の大野弁吉に感化され、海外貿易の必要性を痛感していました。そこで、藩への献上金の見返りとして暗黙の了解を取り付け、択捉島《えとろふとう》、樺太《からふと》、鹿児島南方などでロシア、イギリスなど外国との密貿易まで進出していきました。永井柳太郎《ながいりゅうたろう》の戯曲では、オーストラリアのタスマニア島に五兵衛の石碑があったことになっていますが、さすがにそこまでは行っていないでしょう。

ただし、晩年は河北潟干拓の公共事業でトラブルになり、無実の罪で１８５２（嘉永５）年に80歳で獄死しました。

ちなみに、五兵衛の三男佐八郎はゴールドラッシュの噂を聞きつけて１８４７（弘化４）年頃から密かにアメリカへ渡り、１８５１（嘉永４）年に帰国しましたが、鎖国破りの罪で磔刑《たっけい》に処せられたそうです。

坂本龍馬もパクった「海商」のビジネスモデル

前述の通り18世紀になると、多くの外国船が日本近海で操業していました。彼らは当時の産業に欠かせなかったクジラを獲るためにはるばる遠洋漁業に出かけていたのでした。銭屋五兵衛らがまだ海運業に進出する前にも、日本人船員が遭難して外国船に助けられるという事件は多発しています。

神昌丸《しんしょうまる》の船頭だった大黒屋光太夫《だいこくやこうだゆう》は１７８２（天明２）年に遠州灘で暴風に遭い、アリューシャン列島のアムチトカに漂着しました。そこで交易に訪れたロシア人に連れられて、ペテルブルグに行き、当時のロシア皇帝であるエカテリーナ二世に謁見《えっけん》しています。

光太夫は帰国後、幕府によって徹底的な取り調べを受け幽閉されますが、蘭学者との交流は黙認され様々な知識が伝授されました。

1769（明和6）年に淡路島に生まれた高田屋嘉兵衛《たかだやかへえ》は、大坂で船頭などをして資金を貯め、1795（寛政7）年、28歳のときに当時としては最大級の商船「辰悦丸《しんえつまる》」を入手しました。そして、まだ小さな漁村に過ぎなかった函館に拠点を移し、海運業を起業します。幕府に力量を認められた嘉兵衛は、蝦夷地開拓の公共事業なども請け負うようになりました。

ところが、当時は毛皮を求めて千島列島を南下してくるロシアと幕府がたびたび衝突し危険な状態でした。そして、1811（文化8）年に国後島《くなしりとう》で薪水の補給を求めて入港したロシアの軍艦ディアナ号艦長であるゴローニンらが、松前奉行配下の役人に捕縛されるという事件が起こります。

嘉兵衛は事件を解決するために交渉に赴きますが、逆に捕まってカムチャツカに連行されてしまいました。しかし、厳しい商売で培った嘉兵衛の人格はロシア人にも信頼され、困難な調停をまとめ上げて事件を解決してしまいました。

商人として活躍する傍ら、外交交渉や情報収集活動にまで従事する——。

さて、ここでふと気づきませんか。当時の海商たちのやっていたことが誰かのやったことに似ていると思った人は相当な歴史マニアです。

実は、海商たちのビジネスモデルは、幕末に活躍した坂本龍馬の「海援隊」とそっくりです。いや、むしろ龍馬がもともと海商の存在を知っていて、先行者のビジネスモデルを真似して海援隊を起業したと言ったほうがきっと正確でしょう。

Ⅱ　借金まみれの幕府と大名

人材不足の江戸幕府

時代が下るほどに民間消費を主体とした経済にシフトしていくと、幕府や大名たちはマーケットの中心から徐々に外れていきました。最大の問題は「財政」です。

江戸幕府と諸藩を中央省庁と地方自治体に見立てて考えてみましょう。設立当初、武士たちは兵士でした。よって、戦いで功績があった者が出世するという明確な評価基準がありました。ところが、平和な世の中になってこの地位が世襲されたことで大きな問題が発生します。

戦場での「戦闘能力」と官僚としての「事務処理能力」は比例しません。まして、それが親子で遺伝することもありません。１００年以上も戦争のない平和な時代が続くと、「先祖が昔、大きな戦いで功績を挙げた」ということは実務上何の意味も持たなくなります。
例えば、子供の頃に偏差値が高く、いい大学に入ったとしても、厳しいビジネスの現場ではあまり役に立ちません。そこで、高学歴な人は競争のない身分社会を構築しようと、公務員になったり、大企業に入ったりするわけです。歴史学者の大石慎三郎氏はその状況を次のように表現しています。

江戸時代社会は身分制社会と呼ばれるが、それは個々人の能力や努力よりも、その人がどのような家に生まれたかという、出生にともなう家の格（家格）が優先する社会である。したがって幕政を動かす老中以下の行政機構の各役職も、家柄の高下と一致してより家格の高い者がより上位の役職につくように組み立てられていた。
そもそもこの家格というのはより上位ほど数が少なく、下位ほど多くなるように組み立てられていたので、このシステムによると、より上位役職ほどより少数者のなかから選ばれることになり、したがって能力からいえばより低い者が上位役職につく可能性を秘めたものであった。〈中略〉
この点を救ったのが、身分制社会の頂点に君臨する将軍権力の絶対性であった。すなわち将軍の権力が絶対的であるため、その信任さえあればどんな身分の低い人でも幕府最高の役職である老中をうわまわる力をもって、政治を運営することができたのである。このような意味合いを持って登場したのが、柳沢吉保、新井白石、田沼意次らであった。（大石慎三郎『江戸時代』中公新書）

幕藩体制は、幕府の徴税権が全国に及ばないという構造的な欠陥を抱えていました。「放っておけば財政難で崩壊することがあらかじめ運命づけられていた」と言っていいでしょう。

関ヶ原の戦いの論功行賞をベースに決められた人事評価に基づいて人材を登用しても、財政の構造的な欠陥をカバーできる優秀な人材は見つかりません。先祖に戦争がうまい人物がいたからと言って、子孫が財政の専門家であるわけではないからです。しかし、それでも将軍が時として抜擢する人材が、幕府財政の構造的な欠陥埋め合わせをした時期もありました。逆に何のアイデアも浮かばず、漫然と緊縮政策を続けた時期もありました。

やみくもに緊縮をしても結局は景気が悪くなって税収が減り、財政的には追い詰められるだけです。もっと早く身分制度を緩めて、優秀な人材を経済官僚として登用していたら、江戸幕府は違ったかたちで日本政府に進化していたかもしれません。江戸時代の社会にはそれを担うだけのポテンシャルが十分にあっただけに大変残念なことです。

「倒産」回避に奮闘する幕府だが……

さて、幕府は倒産を免れるために、常に何らかのかたちで財源を補塡《ほてん》し続けなければいけません。その手段を概括すると、次の４つに集約されます。

① 採掘された金銀による補塡
② 通貨発行益（貨幣の改鋳）による補塡
③ 大名による財政負担（国役金、手伝普請など財政肩代わり）
④ 幕府の事業収入等（長崎の貿易の利益、株仲間など許認可事業の差入金など）
⑤ その他

この中で、諸藩の大名に最も重い負担となるのが③です。江戸時代になると、戦乱からの復興事業が盛んとなり、江戸の町の整備や東照宮など徳川家ゆかりの宗教施設などの土木工事、さらには新田開発の際に必須である大規模な治水工事などが必要となりました。

幕府は国家レベルの土木工事について、諸藩に手伝うように要請しました。これは「手伝普請《てつだいふしん》」と呼ばれるものです。

財政的に見れば、幕府が財政支出の肩代わりを諸藩に要求するものであり、「秀吉的なシバキ主義ではなく、ナァナァでいこう」と考えていた大名たちにとっては非常にイマイチな事業でした。さすがに、世の中はそれほど甘くなかったわけです。

江戸時代初期の手伝普請は全国の大名に対して発令され、江戸城および江戸城下町や彦根城、篠山城、亀山城といった西国の重要軍事拠点、徳川家ゆかりの城などを中心に行われました。

ただ、江戸初期はまだ各藩にも余裕があったので、手伝普請は各藩が戦争で軍事力を提供する軍役の代わりに幕府の公共事業を「自発的」に諸藩が手伝うという性格のものでした。また、この頃は幕府にも財政的な余裕があったので全国の主要な道路と河川の整備は幕府の財政負担によってなされていました。

しかし、幕府財政の構造的な欠陥から江戸時代中期になると幕府単体の負担ではこういった工事を維持できなくなります。そのため、１７４２（寛保２）年に有力大名を指名する形式で手伝普請が復活しました。

特に薩摩藩や長州藩のような外様《とざま》であるにもかかわらず、経済規模が大きい藩は狙われました。反乱の芽を摘むためと指摘する向きもあります。確かに、江戸初期に比べると土木工事の規模が格段に大きくなっています。

１７５３～５５（宝暦３～５）年に実施された、薩摩藩による「木曾三川治水工事（宝暦の治水）」は大変な難工事でした。薩摩藩はこの工事を引き受けるかどうかで議論が紛糾し、幕府と戦ってでもやめるべきだという意見もあったそうです。

工事を担当することになる家老の平田靱負《ひらたゆきえ》は「幕府と戦えば、薩摩は戦場となり、罪もない子どもや百姓までもが命を落とす。ならばこの治水事業を引き受け、異国といえど美濃の民百姓を救うことこそ、薩摩隼人の誉れを後世に知らしめ、御家安泰の基となろう」と、いきり立つ家臣を説得した。（「木曾川下流河川事務所」ＨＰ）

工事では90名近い犠牲者と40万両もの莫大な借金が発生しました。平田靱負はその責任をとって自害したほどです。

ちなみに、薩摩藩には毎年十万両に相当する歳入がありましたが、実にその4倍近い支出を強いられたことになります。この治水工事で薩摩藩の借金は100万両の大台を越えました。

水害に悩まされた幕府&地方大名

しかし、薩摩藩の努力もむなしく、1765（明和2）年には再び木曽川流域に水害が多発しました。翌年、幕府は長州藩（長州宗家萩藩）、支藩岩国藩、小浜藩に「手伝普請（明和の治水）」を命じました。その工事は以下のような大規模なものだったそうです。

●御手伝方の派遣藩士数は1100人以上
長州宗家　萩藩　800人
長州支藩　岩国藩　160人
越前小浜藩　140人

●普請箇所は計３００箇所以上（追加普請を含む）

明和２年木曾三川中下流域で発生した水害復旧に幕府は国役普請で対処していたが、対処できず、長州（萩）藩36万石と支藩岩国藩６万石及び小浜藩６万石の手伝普請となった。

そのため、普請箇所の半数以上は、堤切所・欠所の復旧と補強工事であった。大工事としては、岩国藩が担当した大榑川《おおぐれがわ》洗堰《あらいぜき》（２００メートルの石積堰）や万寿悪水圦《いり》樋《ひ》の改修、萩藩が分担した牛牧閘門《こうもん》の改修であった。

●普請の総額は、金25〜30万両

長州宗家　萩藩　20〜24万両
長州支藩　岩国藩　４万両
越前小浜藩　１〜２万両

史料が揃って伝存されている岩国藩では、１年間の総支出額に相当する大出費のため、大坂・江戸での借財では追い付かず、藩内の有力町人・農民や藩士からも献金を募り、藩を挙げての対応をしたが、借財返済は江戸時代末になっても終わらなかったという。（「木曾川上流河川事務所」ＨＰ）

長州藩の当時の歳入は約6万両でしたので、工事代金の負担は歳入の4～5倍程度だったと推計することが可能です。これは長州藩の財政に大きなダメージだったことは間違いありません。木曾三川の治水工事は江戸時代に合計16回も行われ、そのたびに動員された諸藩の財政に大きな穴が開きました。

1760（宝暦10）年に比叡山山門の手伝普請の要求を受けた松江藩も、年間10数万両しかない歳入の約半分を投入したそうです。財源は藩士の減禄だけでは足りず、米子や大坂の商人に融資を求めました。しかし、商人たちに断られたため、農民たちに拠出を要請せざるを得ませんでした。（中国地方総合研究センター『歴史に学ぶ地域再生―中国地域の経世家たち』吉備人出版）

関東でも利根川水系で水害が頻発していたことから、大規模な治水工事は何度も行われました。中でも、天保期の印旛沼に関連する工事についてまとまった資料がありました。次ページの表（図3）をご覧ください。

ご覧いただければわかる通り、印旛沼とは縁もゆかりもない地域から大量の人員が動員されています。動員された人数からも手伝いとは名ばかりで、むしろ事業主体そのものとして各藩から駆り出されていることがわかります。

図３　天保期の印旛沼堀割普請の概要

藩主	石高 現所在	杭番号	普請 丁場間数	幕府堀床 10間見積(両)	各藩堀床 10間見積(両)	各藩堀床 7間見積(両)	各藩支払 金額(両)	人足 動員数(人)
沼津藩 水野家	５万石 沼津市	沼内 1～57	4,434.5間 8,062m	20,000	63,144	43,430	23,000	
庄内藩 酒井家	１４万石余 鶴岡市	57～76	1,196.0間 2,174m	50,000	117,050	52,499	38,004	354,443
鳥取藩 松平（池田）家	３２.５万石 鳥取市	76～85	683.5間 1,243m	20,224	61,500	43,280	26,260	224,549
上総貝淵藩 林家	１万石 木更津市	85～106	2,104.5間 3,826m	30,003	40,000	34,700	10,000	20,254
筑前秋月藩 黒田家	５万石 甘木市	106～123 海面	1,301.0間 2,365m	3,161	10,000	9,600	10,007	106,908
			9,719.5 17,670m	123,388	291,694	183,509	107,271	706,154

出典：松本精一『江戸時代の土木設計・積算、施工技術を探る』

「全国課税」を狙った田沼意次

幕府が構造的な財源不足を穴埋めするために行ったのは貨幣の改鋳や手伝普請だけではありません。

１７０７（宝永４）年の富士山の宝永大噴火で甚大な被害を受けた小田原藩を救済するために、幕府は全国一律２％の資産課税である国役金を徴収したということはすでに述べました。

実は、この全国課税を恒久化しようとした幕閣がいたのです。それが、田沼意次です。

１７８６（天明６）年６月29日に、百姓は百石当たり０・42両、町人は間口一間当たり0・05両、寺社山伏には格式に応じて最高15両を毎年、向こう5年間にわたって課すという法令が出されました。意次が失脚する2か月前のことです。

集まったお金は大坂表会所で大名に貸し出します（年利7％）。貸し出しにおいて担保となるのは大名の米切手もしくは村高証文です。返済が滞ったら米切手は米に転換され、村高証文は物成り（現物引き渡し）によって返済させます。

大名にとってはありがたい低利融資のように見えますが、滞納すれば年貢をすべて幕府に召し上げられることはミエミエです。

江戸時代の初期設定として、全国の大名は幕府を認める代わりに、領地の徴税権が与えられていました。意次が出したお触れは、この江戸幕府開闢《かいびゃく》以来の初期設定をぶち壊すものでした。

財政難に苦しむ諸藩が借金返済をかなりの高い確率で滞納することは目に見えています。担保に取られた米切手や村高証文は実質的に徴税権を差し出すのと同じです。つまりこのお触れは、幕府が中央政府として全国課税するための布石だったのです。

大名にとっては、徴税権がなくなってしまうことは事実上の領地没収でした。当然のごとく彼らの「一所懸命」のＤＮＡが呼び覚まされ、「日本惣戸税《そうどぜい》」というレッテル貼りが行われました。

そして1786（天明6）年8月、意次にとっては極めてまずいタイミングで10代将軍・家治が死んでしまいました。後ろ盾を失った意次は、大いに盛り上がった反対運動に押されて失脚しました。もちろん、全国課税のプランも頓挫します。

歴史に「もし」が許されるなら、このとき意次が失脚しなければ日本はもっと早く別のかたちで「明治維新」を達成していたことでしょう。江戸幕府は最後のチャンスを自ら潰してしまいました。田沼意次時代のあとはその反動で松平定信の寛政の改革が始まりますが、経済は停滞して財政状況はむしろ悪化してしまいました。

すでに民間消費が経済を主導する時代が始まっているのに、幕府と諸藩は財政問題にばかり目を奪われ世の中の変化についていけなくなっていたのです。

そして、度重なる手伝普請で諸藩の債務が積み上がり、体制崩壊に向けたエネルギーは蓄積されていきました。そんななか起こったビッグイベントが「安政の開国」（第2の開国）でした。

第三部 なぜ江戸幕府は〝倒産〟したのか？

第5章 「民間の活力」を生かせなかった江戸幕府

民間の消費を中心とした経済が飛躍的に拡大することで、幕藩体制は動揺しました。本来なら、民間の成長を取り込んで国家として大きく発展するチャンスだったにもかかわらず、改革は遅々として進まず、むしろ揺り戻しのほうが大きかったのは非常に残念なことでした。

民間は管理通貨制、先物取引、巨大できめ細やかな物流網、市場の動向をキャッチして生産をコントロールする産地など、ありとあらゆるものが世界の先端を走っていました。しかし、政治体制は門閥《もんばつ》主義、財政は石高制、貿易自由化もかたくなに拒否していたのでは宝の持ち腐れです。

第三部では、「身体（経済）」と「衣服（政治）」の乖離《かいり》が進み、幕藩体制が限界を超えていく状況を詳しく解説していきたいと思います。

Ⅰ　限界を迎えた「石高制」

米価安の諸色高

江戸幕府は中央政府として日本全体に向けた歳出が必要なのに、全国的な徴税権を持っていませんでした。これが幕府財政の根本的な問題です。

一見、徴税を免れた側の諸藩の大名たちはさぞかし余裕があっただろうと思えます。しかし第二部で見た通り、実際には余裕どころかむしろ破綻寸前の状態でした。なぜこんなことになってしまうのでしょうか。

その理由は、幕藩体制が言ってみれば「米本位制」である「石高制」だったからです。石高制とは、米を年貢として徴収し、それを売却して現金を得ることで成り立っています。そのため、米の価格が他の産品と連動して変動するなら、米を売って他の産品を買う際の交換レートは変わりません。

しかし、その連動性が失われると、米を給料としてもらうのは不利になります。特に、米の値段が一定、または下落基調なのに対して、それ以外（諸色）の値段が上昇基調になればその傾向は助長されます。

「耕地面積の拡大」「新しい農機具の開発」「農業技術の発達」などの要因により、農業の生産性が飛躍的に向上すると、当然農民一人当たりの収入は増えます。収入が増えれば生活レベルが上がるのはいつの世も同じです。生活に少し余裕が出た農民たちが米だけではなく干し魚、綿布、くし（海外産の螺鈿細工付きの豪華版）など、以前は生活必需品ではなかったものまで買うようになりました。

これらのニーズに応えるために、海運業が飛躍的に発展したというのは第二部で詳しく解説した通りです。「米さえ食えればいい」という時代から、「米が食えて当たり前」という時代になると、経済に占める米の割合は相対的に低下します。「米価安の諸色高」という現象は起こって当然、まさに時代の流れだったのです。

実際に、江戸時代の米価は貨幣の大量発行や飢饉などの特別なイベントを除いて、概ね1石＝1両前後（0・5〜1・5両）程度で推移していました。これに対して、米以外の商品作物などには人々の需要が集中し、値段が高騰しました。

米価がそれ以外のモノに比べて低迷すると、米を給料として支給されていた武士階級は経済的に追い詰められます。それは幕府や藩の財政というレベルでも、武士の日常生活というレベルでも同じです。米を年貢として徴収し、歳出や給料を米で賄う限り、これは避けて通れないことでした。

「天保の改革」という〝無理ゲー〟

そこで、幕閣や諸藩の家老の中には何とか米価を上げて、石高制を立て直そうとする人が現れます。経済の構造が変化しているなか、そんなことは完全に〝無理ゲー〟でした。

しかし、それにチャレンジする愚かな人たちは絶えません。もともと享保の改革の初期に吉宗が行ったこともそうでしたし、寛政の改革を行った松平定信もまさにその一人でした。

「諸色高の原因は、商人たちが物資を買い占めているからに違いない」という思い込みから、定信は諸色の値段を監視する「諸色掛」という部署を新設しました。しかし、いくら監視してみたところで価格の高騰を抑え込むことはできませんでした。

天保の改革を実施した水野忠邦も、そんな愚か者の一人です。忠邦は菱垣廻船を運営していた江戸十組問屋仲間や大坂二十四組問屋仲間などを含む、すべての問屋仲間を強制的に解散させてしまいました。彼らが価格カルテルを用いて、不当に諸色の値段を吊り上げていると疑ったからです。

しかも、忠邦は強制的に価格を引き下げるお触れを何度も出して、価格統制によって諸色高を調整しようと試みました。まるで、株価が暴落したのは株を投げ売りした大口投資家のせいだと公安警察を使って摘発を強化した習近平《しゅうきんぺい》のようです。

もちろん、こんな政策は何の効果もなく、忠邦が失脚したのち即座に撤回されました。幕府は「徴税システムの欠陥」と「経済の質的な変化」という二重苦と戦わなければならなかったのです。

考えてみれば、米による納税は年によって収穫量に差があり、そもそも収入が安定しません。この二重苦を脱するためには、税金の取り方を変えなければなりません。そのためには、後に明治時代に入って行われた「地租改正」のような抜本的な改革が必要でした。地租改正とは概ね次のようなことです。

まず、土地の所有者に地券（所有者の名前・面積・地価・地租額を記入した証書）を交付し、所有権を認めました。その代わりに、土地の所有者は現金による納税義務が生じます。課税の基準は収穫高ではなく、地価の３％でした。土地の所有者は地租を支払うためにその土地を活用して利益を得ようとします。

例えば、その土地で作物を育て、市場で売却して得た現金で地租を支払います。今なら、その土地に建物を建てて家賃収入で納税するといったところでしょうか。

大東亜戦争終結後、地租は固定資産税に変わりました。現在その税率は１・４％ですが、住宅用地は特例で６分の１になっています。そう考えると、地租改正で決まった３％という税率はかなりの高負担であったことがわかります。

地租に対する不満は爆発し、全国各地で「地租改正一揆」が起こりました。明治新政府は激しい反対運動の前についに税率を２・５％に落としたほどです。

ちなみに、現在東京の賃貸マンションオーナーが得られる利回りは４％未満ですから、明治の地租並みに税金を取られてしまったら儲けはなくなってしまいますね。

幕藩体制は「デフレ・レジーム」だった

さて、時代を江戸時代に戻しましょう。１７４２（寛保２）年に手伝普請が復活して以降、各藩の財政悪化は止まらなくなります。積み上がる借金を前に、さすがに大名たちの危機感は募りました。

大変残念なことに資金循環という観点から考えると、幕藩体制というのは地方の諸藩にとっては「デフレ・レジーム」だったのです。そのメカニズムを解説しておきましょう。

諸藩は領内に金山、銀山などを保有しない限り、自藩への金銀銭の流入は他藩や幕府領への「輸出」代金しかありません。具体的には、民間による「貿易」取引や藩による年貢米の江戸、大坂での売却です。

その片方で、藩内の金銀銭は恒常的に流出しています。武家諸法度により江戸屋敷の維持費や参勤交代の支出などが避けられないからです。また、藩内で生産できない産品はどうしても「輸入」に頼らざるを得ません。

諸藩への金銀銭の流入は「輸出」から「輸入」を差し引いたものになります。貯蓄投資バランス理論という経済学の知見で考えれば、輸出と輸入の差分は民間部門の貯蓄超過額と政府部門の財政収支の和に等しくなります。

「マクロ経済の恒等式」という、絶対に逆らえない「経済の掟」がありますので丸暗記しておきましょう（次ページ上の「式」参照）。

（貯蓄－投資）＋（税収－財政支出）＝輸出－輸入

輸出より輸入が多く右辺がマイナスになると、同時に国内は貯蓄不足、過剰投資気味であるか、税収よりも財政支出が上回っているか、その両方が同時に発生しているかいずれかの状態にあるということになります。

また、右辺がマイナスということは、金銀銭は流入どころか流出していることになります。金銀銭が流出すると、藩の貨幣供給量はマイナスになります。つまり、デフレが発生してしまうということです。デフレを避けるためには、常に江戸や大坂の景気が良く、人々の需要が旺盛で地方からたくさんモノを買ってくれるという状態が続かなければなりません。

ところが、第一部でも見た通り、貨幣の改鋳の後には必ずと言っていいほど守旧派による揺り戻しがあり、江戸や大坂までデフレ傾向になることがしばしば起こりました。

大都市がデフレ傾向になれば、地方の藩からの大都市への輸出も落ち込みます。しかし、江戸屋敷の維持や参勤交代は武家諸法度で定められているのでやめるわけにはいきません。藩にとってこれらはアウトバウンド消費であり、輸入と同じで金銀銭の流出を意味します。

ただでさえ、景気の悪化で江戸、大坂への輸出が減少しているのに、強制的なアウトバウンド消費のせいで傷口は広がります。すると、輸出より輸入が多くなるのと同義で、先ほどの式の右辺がマイナスになってしまいます。

それはつまり、①（貯蓄－投資）と②（税収－財政支出）がマイナスになることを意味します。①をプラス転換させるためには贅沢禁止令によって投資を抑えることが必要であり、②をプラス転換させるためには緊縮財政による財政支出の抑制が必要となるわけです。

さらに、藩内がデフレになれば、景気は落ち込みます。景気の落ち込みは税収の落ち込みであり、藩の財政はどんどん苦しくなっていきます。諸藩が財政赤字に苦しむ理由はまさにここにありました。

日銀の政策研究ペーパーには、次のような解説があります。

領国経済の窮迫に伴う藩財政の悪化と正貨の純流入の減少は同時に起こりうるため、一領国内においては藩財政の窮迫化とともに通貨不足が発生あるいは拡大することになる。

図４　江戸時代における商品流通

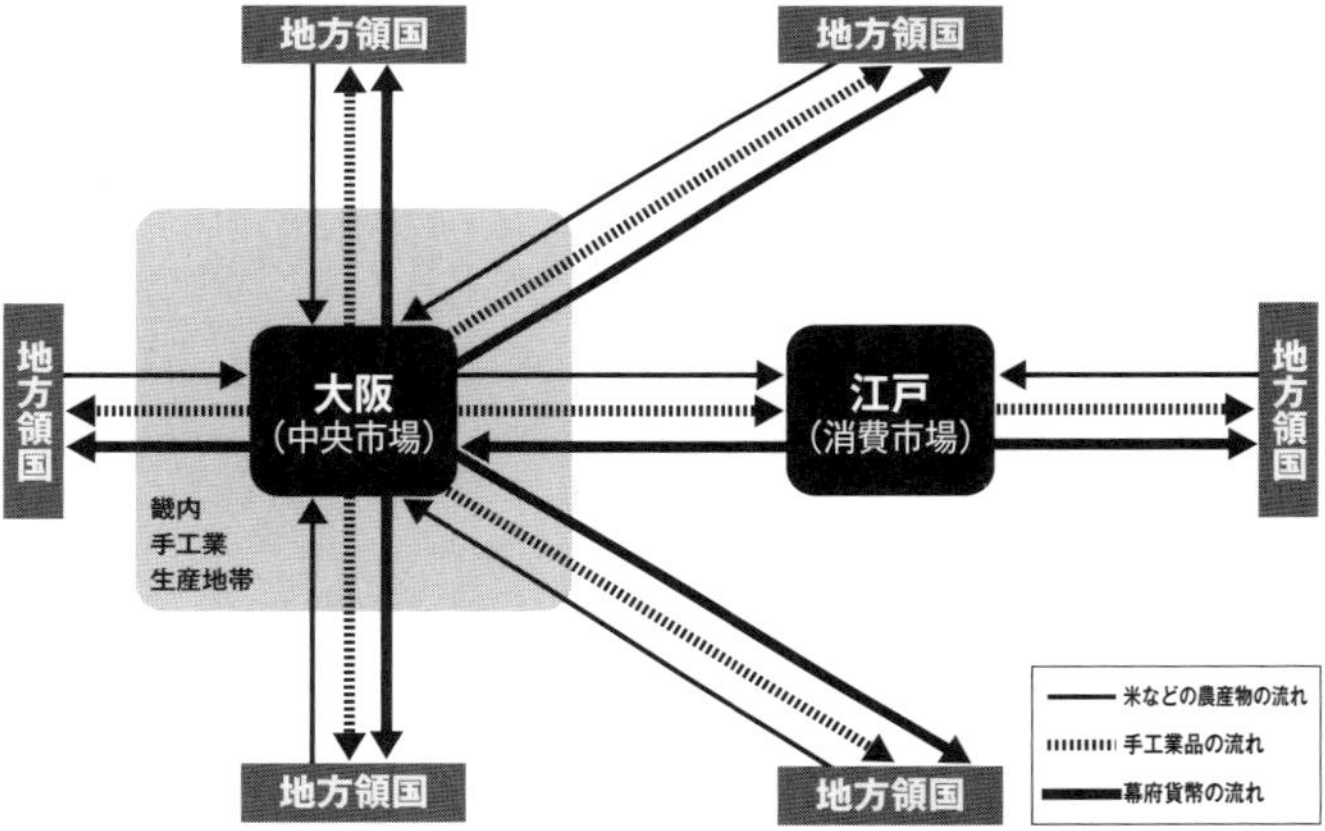

出典：鹿野嘉昭「委託研究から見た藩札の流通実態」／日本銀行金融研究 第15巻第5号（1996.12）

例えば、天災を契機とした凶作の発生、大火や大規模な幕府御役の請負などを背景として領国経済が困窮化すると、領内の貯蓄超過額が取り崩されるだけでなく藩財政も悪化を余儀なくされる結果、一領国内における純貯蓄額は減少する一方で、領外市場で売却可能な年貢米の減少あるいは領外市場からの不足米の調達などにより正貨の純流入も減少する。その意味で、藩財政の困窮化と通貨不足とは同じコインを表と裏からみたものということができる。（出典：「金融研究第15巻第5号」）

つまり、諸藩が陥っていた財政難の根本原因は、幕藩体制下の経済システムが

「デフレ・レジーム」だったからなのです。

東京や大阪のような大都市がデフレになると、必ず地方（ここでは諸藩）も道連れとなってデフレになります。幕藩体制の中でいくら頑張っても、諸藩の努力ではどうにもならない構造的な問題を抱えていたのです。

「藩札」という切り札

本来であれば、「中央政府」または「中央銀行」が全国的な物価統計に基づいて貨幣量を調整すべきですが、江戸時代にそれを期待するのはあまりにも酷です。

第一部で見た通り、「通貨発行益（シニョレッジ）」の意味を理解している幕閣ですら少数派でした。まして松平定信のような守旧派の頭の固い人間に、物価と貨幣量の関係（貨幣数量理論）を理解するは無理です。

そんなとき、一石二鳥の解決策を思いついた人がいます。幕府は諸藩に徴税権を認めていましたが、通貨発行権についてはかなりあいまいな部分がありました。その虚を突いて、財政問題と貨幣不足の問題を一挙に解決するソリューションが〝発明〟されたのです。それが「藩札《はんさつ》」の発行です。これが幕藩体制という、デフレ・レジームに風穴を開けました。

藩札の発行の歴史は古く、１６６１（万治４）年に福井藩が幕府の許可を得て発行したのが最初と言われています。藩札の信用を担保するのは金貨、銀貨との兌換《だかん》です。ただし、幕府が金の保有残高を重視していたために、大抵の藩札は銀札（銀との兌換を保証する紙幣）でした。幕府との対立を避けるためです。

当時、東日本は金貨、西日本は銀貨をメインで使用していたため、藩札の発行は当初西日本に集中していました。

しかし、１７００年代中頃になると貨幣経済の発達で慢性的な貨幣不足が発生し、なおかつ諸藩の財政悪化が深刻になってきました。結局、藩札は全国的に普及するようになりました。

むしろ金貨、銀貨の取引は江戸、大坂、京都といった幕府直轄の大都市だけで、地方の諸藩における日常的な決済手段はほとんど藩札になっていました。藩札の裏付けとなる資産は、金、銀、銅銭、米など多様化していたことも付記しておきます。

藩札は貨幣不足解消、通貨発行益の確保以外にも様々な経済的な効果がありました。日銀の政策研究ペーパーに、藩札発行の目的が整理されていましたので転載しておきます。

藩札の発行理由
①　領内の通貨不足を解消するため
②　近隣諸藩から藩札流入を防止するため
③　藩財政収入を補填《ほてん》するため
④　藩士または領民救済のための貸付原資を確保するため
⑤　専売制の実施に際し必要となる前貸し資金を調達するため
⑥　貨幣経済の浸透とともに高まってきた少額紙幣としての銀・銭貨の不足に対応するため
⑦　貸付利息の獲得を通じて藩財政の立て直しを図るため
（出典：鹿野嘉昭「委託研究から見た藩札の実態」／「日本銀行金融研究第15巻第5号」1996年12月）

藩札は領内限定の紙幣なので、領民が旅行や仕入れなどで藩外に行くときは「共通通貨」である金銀銭などに両替しておく必要がありました。

さて、ここで何か気づきませんか。現在、私たちは外国に行くときに日本円を外貨に両替して持っていきます。これとほぼ同じ感覚で藩札は金銀銭と兌換したり、されたりして使われていたのです。

藩によって藩札が異なるいわゆる「札遣い」が一般化し、異なる藩の藩札を交換するときは裏付けとなる資産との交換レートから「為替レート」を導き出すことも可能でした。

日本の「金融システム」はイギリスより進んでいた⁉

明治維新以降、日本は当時ロンドンが中心だった世界の金融システムに組み込まれます。しかし、それは日本人にとって別に目新しいものではありませんでした。なぜなら、そこで採用されていた通貨システムは藩札と金貨銀貨との固定相場制とまったく同じだったからです。

当時ロンドンを中心として世界をネットワークしていたのは金本位制であり、金を裏付け資産とする兌換券が紙幣として発行されていました。金と紙幣との交換レートを固定し、自国の金保有が紙幣発行の上限となるシステムです。

むしろ藩札のほうが金銀銭や米などまで裏付け資産にしていた分、よほど複雑だったかもしれません。日本人が明治維新以降、国際的な通貨制度にいち早く順応したのも、まさに藩札という「江戸の蓄積」があったからではないでしょうか。

歴史教科書は藩札について「裏付けのない借金だ」とか、「インフレの原因になった」とか、ネガティブなことしか書きませんが、ここまでの経緯を知っていただければ必ずしもそうではないことがおわかりいただけると思います。

藩札は瞬く間に全国的に普及します。1700年代中盤から幕末にかけての約100年間で、莫大な金額の藩札が発行されました。その効果は財政面、金融面、そして日々の決済など様々な面に及びました。

藩札の全体像については諸説ありますが、日本銀行の調査によれば、1871（明治4）年の廃藩置県当時の発行残高は約9000万両に上りました。幕末の金貨と銀貨の発行残高が1億3000万両だったことと比較すると、ほぼ貨幣量を倍増させるぐらいの巨額の藩札が出回っていたことになります。

ところが、「廃藩置県」により、「藩」は消滅してしまいました。こうなると、藩札が裏付け資産として保証していた金銀銭や米との兌換性が問題になります。なぜなら、藩が消滅するに当たって、藩札の保有者は実物資産との兌換による精算を求めるからです。

1871年時点で、政府の精算額は国内の金貨、銀貨発行量の7割にも達する巨額なものでした。現在、日本で流通している日銀券は約80兆円ですから、今の感覚で言うとある日突然56兆円の債務の履行を求められるということでしょうか。これは現在においてもトンデモない規模と言えます。

そのまま藩札を紙幣化してしまえば債務問題は顕在化しなかったのに、なぜこんな余計なことをしてしまったのでしょう。この点については後ほど詳しく説明します。

やろうと思えば何とかできた、諸藩の借金問題

藩札は画期的なソリューションでしたが、諸藩が抱えていた「債務の返済」という観点から見るとやはりまだ問題がありました。なぜなら、当時諸藩が抱えていた債務が金貨や銀貨建て債務だったからです。

この問題を考える場合、現代における発展途上国の対外債務問題をイメージしていただくのが一番わかりやすいと思います。

例えば、アルゼンチンは巨額の対外債務に苦しみ、2001（平成13）年に経済破綻しました。アルゼンチンが抱えていたのはドル建ての対外債務です。返済するには

外貨であるドルを獲得し、それを使って返さなければいけません。

アルゼンチン政府にはドルを印刷する権限はありませんので、ドルを手に入れようとしたら、貿易取引などを通じて輸出を盛んにしてドルを獲得するか、外国の援助などでドルをもらうしか手段はありません。アルゼンチン・ペソをいくら印刷したところで何の解決にもならないわけです。

諸藩はアルゼンチン、藩札はアルゼンチン・ペソだと思ってください。金貨、銀貨建ての債務はドル建ての対外債務です。まったくアルゼンチンの債務問題と同じ構図です。諸藩が債務を返済する場合、結局「輸出」をして、金貨や銀貨を獲得するよりほか方法がないということになります。

また、国内においては金貨、銀貨の流出をできるだけ抑制するために、極端な緊縮財政が必要となります。しかし、緊縮政策は景気を悪化させます。そうなると、借金返済どころか税収の減少でますます財政は悪化してしまいます。まさに、アルゼンチンの破綻後に乗り込んできたＩＭＦ（国際通貨基金）が極端な緊縮政策を押し付けたときとまったく同じ状況に陥ってしまうわけです。

ちなみに、ＩＭＦ的な緊縮策では問題を解決することはできません。これは「アジア通貨危機」のときもそうでした。東南アジア諸国もアルゼンチンも当初はＩＭＦの指示に従っていましたが、やがて対立しＩＭＦのガイダンスを無視するようになります。ところが、皮肉なことにＩＭＦを無視するようになってからのほうがむしろ経済の調子が良くなってしまいました。

アルゼンチンはドルとの固定相場を維持できず、大幅な通貨の切り下げの末、変動相場制に移行しました。デフォルトした２００１年とその翌年は大変な混乱に陥りましたが、その後ＩＭＦ路線と決別し２００３（平成15）年以降リーマンショックまでは年率８～９％の高い経済成長率を実現しています。

アジア通貨危機における東南アジア諸国もほぼ似たような経路をたどりました。一般的に、デフォルト状態に陥った国は、通貨安によって最初に輸出が好調となり復活し、その１年後ぐらいから内需が復活して危機を脱します。経済危機を救うのは緊縮財政ではなく、経済成長なのです。

歴史教科書に書いてある藩政改革は、基本的にＩＭＦ的な緊縮を礼賛するものばかりです。基本フォーマットは、倹約と徴税の厳格化、それに産業振興の組み合わせです。それらの成功例として次のようなケースが有名です。

●米沢藩の上杉鷹山《うえすぎようざん》の藩政改革は１７６７（明和４）年から１８２３（文政６）年

にわたり、結果として借金20万両を返済し、余剰金5000両を作った。
●備中松山藩の山田方谷《やまだほうこく》は1849（嘉永2）年に藩政改革に着手し、1857（安政4）年までに借金10万両を完済し、余剰金10万両を作った。
●松江藩の松平治郷《まつだいらはるさと》は1767年に50万両に及ぶ借金の債権者と交渉し、年貢米の徴税権を担保にして70年割賦払いというリスケジュールに成功。1840（天保11）年に借金を完済。

これらのケースは債務が完済できたケースですが、多くの藩はそこまでには至らなかったようです。

熊本藩は1748（延享5）年から養蚕、櫨蠟《はぜろう》（ロウソクの原料）の生産、製糸業などの産業振興、阿蘇山の硫黄開発などの殖産興業と、隠田畑の摘発など徴税権の強化といった緊縮政策を通じて財政を黒字転換させましたが、それでも借金完済までには至りませんでした。むしろ熊本藩と同じく、藩政改革で借金を完済できないほうがほとんどでした。

ちなみに、熊本藩の藩主は細川氏であり、三井高房から「不埒な家柄」と酷評された借金を踏み倒しの常習犯です。

３００諸藩の中でも、後の維新回天の主力である長州藩、薩摩藩の債務は突出していました。長州藩は１５３万両、薩摩藩に至ってはなんと５００万両もの巨額債務を抱えていたのです。しかし、この２つの雄藩は明治維新が始まる前に債務問題を解決し、巨額の「軍資金」をため込むことに成功しました。もちろん、債務をまともに返したわけではありません。

借金は必ずしも〝悪〟ではない

実を言うと、諸藩の借金は経済学的には必ずしも問題ではありません。まして金額が多いからと言って必ず「悪」だと断定することはできませんし、そもそも借金は全額返済すべきものであるとも言い切れません。

意外かもしれませんが、借金は将来への投資という側面もあり、金額の多寡よりも資産とのバランス、貸借対照表（バランスシート）の問題と考えないと本質を見誤ってしまうのです。

例えば、借金を10億円抱えた人がいたとしましょう。金額だけを聞いたらトンデモない多重債務者のように感じます。しかし、この人が時価10億円の株式と、全世界に

10億円相当の不動産と現金5億円を持ち、年収が3億円あったとしたらどうでしょうか。総資産25億円で年収3億円ですから、たぶん10億円の借金は10年ローンを組めば楽々返済できそうです。いや、その気になれば資産を売却して即座に完済することもできるでしょう。

これに対して、年収500万円のサラリーマンが、頭金300万円で4000万円のマンションを購入した場合はどうでしょうか。頭金を支払った時点で貯金はほとんどありません。この人にあるのは3700万円の住宅ローンと名目上はそれと同額の家ということになります。借金は年収の7倍以上です。家の価値が下落しなければ家を売ってローンを返すこともできますが、果たしてそんなにうまくいくでしょうか。

いま例に出した10億円の借金と3700万円の借金を比べて、実質的な負担が多いのはどちらでしょうか。金額が桁違いに少ないにもかかわらず、明らかに後者のほうが負担は重いことに気づきませんか。

借金は単にその総額だけを云々しても意味がありません。反対側にある資産と毎年のキャッシュフローも勘案して総合的に判断しなければいけないのです。

これを江戸時代の諸藩の借金にも適用してみましょう。諸藩の資産と毎年のキャッシュフローに比べて、借金が多過ぎれば危険ですし、そうでなければ安全です。問題は、「債務の総額」よりも「債務の維持可能性」のほうにあるのです。

そこで薩摩藩と長州藩の財務状態について考えてみましょう。石高とはその藩の名目ＧＤＰを表しています。安政以降の高インフレを除いて、江戸時代中期以降を平均すると、米１石の取引価格は銀50〜１００匁です。元禄以降の金と銀の交換レートは金１両＝60匁なので、計算をしやすくするために１石＝銀60匁＝１両としましょう。

薩摩藩の石高は72万石（＝72万両）で、毎年の歳入は10万両でした。債務総額は５００万両です。当時の金利は８％程度だったと言われていますので、利子だけで毎年40万両かかるという計算になります。藩をすべて明け渡してやっと返せるかどうかという、きわどい状態です。

これに対して、長州藩は石高が37万石（＝37万両）、毎年の歳入は６万３０００両でした。債務総額は１５３万両です。同じく金利を８％として計算すると、毎年約12万両の利子を支払わなければなりません。こちらも、薩摩藩とたいして状況は変わらないきわどい状況です。

しかし、両藩とも年貢などによる一定のキャッシュフローがあります。金利の減免や返済スケジュールの変更さえできれば、債務の維持可能性は何とか保つことができそうです。その間に、藩札を発行してリフレ政策を行い、景気が良くなってから債務を返済していけば何とかなるレベルです。

諸藩の中で、最悪の財務状態にあった長州藩と薩摩藩ですら何とかなるレベルですから、その他の藩や幕府の財政も実は債務のリスケジュールさえすれば何とかなった可能性が高いのです。

では、どうやってリスケジュールすればよかったのか。

例えば、本業のパン屋はうまくいっているのに、社長が勝手に始めた不動産投資で巨額の負債を抱えてしまった会社を処理する場合を考えてみましょう。この会社は借金さえなければ、パン屋の経営は順調で利益を生むことができます。

そこで、パン屋は「借金ゼロの儲かる会社（グッド・カンパニー）」、不動産部門は「借金だらけのダメ会社（バッド・カンパニー）」として、一つの会社を二つに分割します。

グッド・カンパニーは、通常通り営業を続け利益を上げます。調子が良ければ新たに借金をして投資し、事業を拡大してもいいでしょう。バッド・カンパニーは、民事再生法の適用を申請するなりして、借金をリスケジュールしたり、そのまま踏み倒して倒産させてしまったりします。これで債務の整理は終了です。

もちろん、こういうことをするには債権者の同意が必要です。バッド・カンパニーの債務を踏み倒す代わりに、グッド・カンパニーの株式を与えるといった債権者を満足させる餌を用意したりしなければ交渉はうまくいかないでしょう。

長州藩と薩摩藩がやったことも基本的にはこれと同じです。具体的にはグッド・カンパニーは藩主の個人のお財布、バッド・カンパニーは藩の公的なお財布という「会社分割」を行いました。もちろん、誰にも気づかれないように……。

何を隠そう、借金のリスケジュールと緊縮財政は藩の財布につけ回し、殖産興業の儲けは藩主個人の財布にこっそり入れるという、大変「賢い」やり方でした。

II　薩摩と長州の藩政改革

薩摩藩の藩政改革は、主に「借金の踏み倒し」

第二部で述べた通り、薩摩藩は1753（宝暦3）年の「木曽三川の手伝普請」によって40万両もの巨額債務を負いました。しかし、工事を請け負った時点で薩摩藩の債務は70万両程度あったため、工事後の債務総額は100万両を越えていました。

それから、約50年後の1801（寛政13）年に、債務は減るどころかさらに膨んで121万両になっていました。当時の金利は年率8・4％であり、まともに返せば金利だけで年に10万両を支払わなければなりません。

ところが、当時の薩摩藩の歳入もほぼ10万両でした。つまり、財政政策を一切やらずに全額借金の返済に充てても利子しか返せないという状態にあったのです。

このような状態になると、古い借金を返すために新しい借金をするという多重債務の状態になります。薩摩藩が頼ったのは「大坂の銀主」といわれる金融業者でした。ところが、第25代藩主の島津《しまづ》重豪《しげひで》は何を血迷ったか１８０２（享和２）年に債権者の同意を得ないままこの巨額債務の「デフォルト」を宣言してしまいます。突然借金を踏み倒された大坂の銀主たちは激怒したのは言うまでもありません。

重豪は金利の支払いさえ免れれば、いわゆる藩政改革によって藩の経営は安定すると思っていたようです。しかし、一方的なデフォルト宣言から4年後の１８０６（文化3）年3月、「泉岳寺大火」が発生し、薩摩藩の江戸屋敷（芝の本邸、田町の藩邸、高輪の別邸）は全焼してしまいました。重豪はこういった突発的なリスクの顕在化によって、臨時の支出があることまでは考えていなかったのです。

武家諸法度では「江戸屋敷の維持」が義務付けられています。しかし、薩摩藩にそれを再建するお金はありません。もちろん、4年前の重豪の一方的なデフォルト宣言に対する大坂の銀主の怒りはまだ収まるはずもありません。

いやもっと正確に言えば、4年前に一方的なデフォルト宣言して借金を踏み倒した薩摩藩が、具体的な返済計画もなくお金を無心したところで、リスクが高過ぎて貸せるわけがないのです。銀主というのは〝感情〟ではなく〝勘定〟で動きます。

借金踏み倒しの件で重豪を恨んでいたとしても、もしその損失を埋めて余りあるような儲かるプランがあるなら、逆に銀主の方から「お金のご入用ですか？」と近づいてきたことでしょう。

返せる見込みのない多重債務者にお金を貸してくれるのは、いつの時代でも筋の悪い金融業者です。重豪は江戸屋敷の債権のために、今で言う「闇金ウシジマくん」系の金融業者に手を出してしまいました。

大坂の条件のいい資金を得ることができず、江戸の金融業者が中心だったと言われています。金利は高く、返済期限は短い極めて筋の悪いお金でしたが、何とか４万両を調達し江戸屋敷は再建されました。

重豪はこの件の責任を取り、家督を譲って隠居します。ただし、重豪は息子の斉興《なりおき》に形式上家督は譲りましたが、１８３３（天保４）年に89歳で死去するまでは院政を敷いて隠然たる権力を行使しました。

犯罪スレスレの「借金返済作戦」

ところが、悪いことは重なります。１８１６（文化13）年４月、再び「手伝普請」

の幕命が下ったのです。今度は「美濃・尾張・伊勢、東海道筋川々普請割用金」という名目で約７万７０００両の請求書が届いたのです。これは幕府の緊縮政策の一環でした。寛政の改革の中心人物だった松平定信はとっくに失脚していましたが、いわゆる寛政の遺老の最後の一人、松平信明はまだ生き残っていたのです。

１８３３年の重豪死去に伴い、やっと藩主としての権力が行使できるようになった息子の島津斉興の前には、雪だるま式に膨れ上がった５００万両の借金が残されました。まともにやったらどうやっても返すことはできません。そこで、重豪時代からの家老である調所広郷《ずしょひろさと》（調所笑左衛門《しょうざえもん》）と協議し、大坂の両替商出雲屋と組んで、新たな借金の踏み倒し計画が練られました。

茶坊主出身ながら重豪に家老にまで取り立てられた笑左衛門は、重豪の遺言を忠実に実行したことで知られています。

ちなみに、重豪の遺言とは、①10年以内に50万両の貯蓄、②50万両とは別に平時並びに非常時に貯蓄、③５００万両の古証文の回収、でした。かなりの無茶振り、無理ゲーです。

しかし、笑左衛門は最後まであきらめずにこの遺言を守ろうとしました。

踏み倒しのスキームは極めて乱暴です。まず、笑左衛門は債権者に「返済のめどが立ったので、大坂の藩邸に借金の証文をもって集まってほしい」と連絡します。そして、集まった債権者から証文を受け取ると、焚火にくべて燃やしてしまいました。

証文がなくなったことを確認してから、「借金は踏み倒しません。250年かけて完済させていただきます」と一方的なリスケジュールを宣言します。しかも、利子については金輪際払わないというおまけ付きです。これは犯罪スレスレというか、今なら詐欺《さぎ》罪で捕まるのではないでしょうか。

もちろん、債権者たちも「詐欺だ！」と言って、大坂東町奉行に訴え出ました。しかし、笑左衛門は借金を返さないとは言っていないうえ、大藩の家老です。所轄の警察が逮捕できるような小役人ではありません。債権者の怒りを治めるために、奉行所はスケープゴートとして「共犯」の出雲屋を捕まえました。

とは言え、バックには薩摩藩の家老が控えています。後でクレームが出ることを恐れた奉行所は、「大坂三郷所払い」という微罪だけで出雲屋を放免しました。

笑左衛門は同じことを翌年江戸でもやって、500万両の古証文回収という重豪の遺言を果たしました。ちなみに、500万両を250年払い金利ナシということだと、年に2万両ずつ返済するということです。

律儀にも、薩摩藩は1871（明治4）年の廃藩置県によって藩が消滅するまでこの返済を続けました。

薩摩藩の〝エグさ〟

実は、重豪が死去する前から薩摩藩は出雲屋をアドバイザーに迎えて藩政改革を密かに始めていたのです。このときのスキームは、まさに「グッド・カンパニー」「バッド・カンパニー」方式でした。

借金だらけの薩摩藩をバッド・カンパニーに仕立て上げ、そこに借金を固定し、新たに島津家をグッド・カンパニーとして立ち上げて、キャッシュを生む事業はそちらに集めるというものです。

砂糖の専売制や清との密貿易など元手がかかる事業であっても、大きなリターンが見込めるため、出雲屋が出資者を募って資金を調達することができました。今で言うところの「シンジケート・ローン」です。

新会社である島津家の主な事業は、製糖および砂糖販売事業（相場操作）、清との貿易事業（密貿易）、小判の製造（天保二朱金の密造）です。砂糖相場の操作は違法ではありませんでしたが、それ以外は違法なビジネスです。まさに目的のためには手段を選ばないやり方でした。

しかし、この後欧米列強と対峙していくときに、薩摩藩ぐらいの〝エグさ〟がなければ太刀打ちできなかったかもしれません。

まず砂糖相場についてですが、そもそもこれは製造元の薩摩藩が不利になるように大坂の砂糖商人たちによって操作されていました。大坂の砂糖商人は薩摩の大坂藩邸詰めの役人を買収して、その年の作柄、大坂への入荷タイミングなどを聞き出し、インサイダー取引によって巨額の利益を上げていたのです。その背景には、民間消費の活発化に伴う「スイーツ」需要の増加がありました。

調所笑左衛門と出雲屋が行ったのは、こういった腐敗官僚の一掃と徹底した情報管理です。砂糖は生産から在庫、販売までを完全管理するために専売制としました。そして、徹底的に情報を秘匿《ひとく》したうえで１８３０（文政13）年の相場に臨みます。

笑左衛門は出雲屋のアドバイスに従い、最初に、さも在庫がないように見せかけて値段を吊り上げ、相場が上がりきったところで在庫を売り抜けました。まさに笑左衛門と出雲屋の完勝でした。

次に密貿易についてですが、こちらも幕府の意向に逆らって陰でやっていたら見つかったときにトンデモないトラブルになってしまいます。あらかじめ幕閣の中の有力者には賄賂を贈って籠絡《ろうらく》し、お目こぼしをもらうことが重要です。笑左衛門は老中首座の水野忠成の有力アドバイザーだった土方縫殿助《ひじかたぬいのすけ》や勝手掛老中の松平康任《まつだいらやすとう》のところに通い詰め、賄賂攻撃で長崎会所での唐物販売を公認させました。

よく「薩摩藩は密貿易をしていた」という人がいますが、これは少し言い過ぎです。しかし、薩摩藩は幕府から許可された品目以外も派手に売りさばきましたから、あながち間違いでもありません。薩摩藩は唐物販売で毎年４万両ほど稼いでいたそうです。

ところが、１８３４（天保５）年になると老中の松平康任が失脚してしまいました。そして、幕府から長崎での貿易実態について調査が入り、１８３７（天保８）年に長崎での唐物の売りさばきが向こう10年にわたって停止されることになります。このことで笑左衛門は失脚し自害しました。

さらに、砂糖相場にも異変が起こります。

薩摩が砂糖で派手に儲けているという噂は諸藩に広まり、各地でサトウキビの作付けと増産が始まりました。在庫が増えたことによって相場は下落します。

笑左衛門と出雲屋が砂糖相場で大儲けしてから約10年後の1839（天保10）年頃には、当時の半値になってしまいました。

しかし、それでも薩摩藩はこれら一連の藩政改革を通じて500万両の借金を整理し、300万両の収入を得ました。そのうち200万両は放置していた公共事業に投資し、100万両を貯蓄することができたのです。

もしこの貯蓄がなければ、薩摩藩がいくら「明治維新」を推進しようとしても動くに動けなかったことでしょう。

長州藩の藩政改革も、「借金のリスケジュール」

長州藩の藩政改革は、基本的に薩摩藩と同じやり方です。

長州藩と毛利家を分離し、長州藩に債務を押し付けて、キャッシュを産む事業は毛利家に付け替えます。大っぴらに毛利家に付け替えると領民や武士たちの反発が予想されるため、長州藩では「撫育方《ぶいくかた》」という特別会計を立ち上げて表からは見えにくいように分社化が実行されました。

長州藩の債務残高は1837（天保8）年時点で153万両、1840（天保11）

年時点で１４１万両あったと言われています。当時の長州藩の歳入は約６万３０００両だったので、全額を返済に充てたとしても22年かかる莫大な金額でした。すでにこの頃、薩摩藩は債務を整理して１００万両の貯蓄がありました。それに比べると少し出遅れているように見えます。

長州藩の藩政改革は、１８３８（天保９）年からスタートしました。まずは当時の公務員である士卒の俸禄を「十八石懸り」「半知」といったかたちで上納させました。単純に言えば、公務員向けの所得税を税率50％にするという大増税でした。

庶民に対しても一石（１００升）当たり、四升五合の上納を命じました。総所得に対する４・５％の納税なので、これもかなりの負担であったと思われます。この大増税によって年に９万両の財源を得ました。

また、対外債務の返済に関しては、１８４４（弘化元）年に借入金の金利を年３％に引き下げ、元本は37年払いで返済するという一方的かつ過去最大級の「公内借捌《さば》き（＝リスケジュール）」を宣言しました。

幕末期萩藩財政の直接の前提である天保財政改革では、家臣借銀の公内借捌きと所帯方借銀（＝藩借銀）の公内借捌きを行った。藩借銀とは、所帯方の借銀帳に登載さ

> れている借銀をいい、大坂・江戸・国元の御用達などからの内借のほかに、藩主とその係累や特別会計・諸役所などからの公借を大量に含んでいた。
>
> これらの公内借を利下げ・年延べ・帳消し・凍結・準凍結などをして「捌いた」のが、財政改革の核心である。
>
> これによって借銀額の減少、利且納の画期的減少を可能とし、家臣・百姓への馳走米の軽減を計り、海防政策の推進・明倫館の拡張を行った。
>
> （山口大学・田中誠二「幕末期萩藩財政史研究序説」）※傍線は筆者

借金をリスケジュールしてバッド・カンパニーに固定した後、長州藩は殖産興業を推進します。具体的には「製塩業」「金融業」「製紙業」「綿工業」などが有名です。

長州藩経済統計「防長風土注進案」

長州藩は所領の３００余りの村落の村役人に命じて、「防長風土注進案」という経済統計を整備しました。他の藩にもこういった統計はあったそうですが、多くは紛失していて全21巻が残っているのは長州のものだけです。

図５　「注進案」の村括り勘定

穀物収支	
米出来高	物成（米年貢）
穀物出来高	村民飯料（米雑穀混じり）
	牛馬飼料（雑穀のみ）
不足	【余剰穀物】

銀収支	
非穀農産	銀年貢
商品作物	農作経費
産業	金肥
特産品	牛馬仕継
出稼ぎ	農具買い足し
浮儲け	家計消費
【不足】	余剰銀

出典：西川俊作『数量経済誌の原点』（慶應義塾大学出版会）
※【 】は筆者による加筆。「浮儲け」とは各種サービスのこと

この注進案を分析して長州藩の「プロト工業化」について研究したのが、慶應義塾大学教授の西川俊作氏らのグループです。

西川氏によれば、注進案は大福帳式に収支項目が列挙されているものの、整理してみれば「穀物収支」と「銀収支」という２つの勘定から成り立っているそうです（図５参照）。

穀物収支が不足になる村は、非穀物農産物や工業製品などの販売で得た余剰銀で穀物を買い、不足分を補います。反対に余剰穀物がある村は、それを売って銀の不足分を補うことができます。

例えば、山城地方や津和野、岩国北部は山がちで田畑に恵まれず、冬期に紙を

漉《す》いてこれを領外に輸出し、食料や衣料の購入費に充てていました。

しかも、前掲書によれば、紙漉きは農閑期の余業でも副業でもなく、実態上は紙漉きが本業で農業が副業だったそうです。

製塩業については北九州から石炭を輸入し、海水を煮詰めて塩を採取しました。これらは藩の直営事業ではなく地元の塩問屋による運営です。

藩は民間企業の製塩業参入を奨励しつつ、中関《なかのせき》（現・防府《ほうふ》市）に塩の専売所を設けて販売を独占しました。

また、その利益を最大化するために貸倉庫を作って塩の保管料を取ったり、倉庫内の荷物を担保に銀を融資する貸銀所を設置したりして、手広く商売をしました。

しかも、よほど味を占めたのか、同じモデルを使って室積《むろづみ》（現・光市）に防長米を取引する「室積会所」を設置したり、下関伊崎の新地に廻船の集荷や商談成立まで荷物を預かる「下関越荷方」を設置したりしました。

そして、これらの新規事業から上がる莫大な収入はグッド・カンパニーである撫育方に集められました。撫育方にいったいいくら集まったのかは、幕府に見つからないよう「極秘」にされていたため、未だにその全体像は不明です。

具体的にわかっているのは、廃藩置県のときに撫育方には１００万両の余剰金が残されていたことです（30万両は毛利家が取り、70万両は大蔵省に収めたそうです）。

長州藩は明治維新を推進するに当たり大量の武器を購入していますので、それらを差し引いても１００万両のおつりがきたということは、その収入がいかに莫大な金額だったかということがわかります。

「為替レート」が致命傷となった江戸幕府

薩摩、長州が藩政改革によって力を付けている最中、幕府は外交問題で大変な失策を犯してしまいました。

１８５８（安政５）年に締結された「日米修好通商条約」こそが大問題でした。この条約の第５条で、外貨取引の際に使う「為替レート」の設定をミスしてしまったのです。それもハンパなく――。

これがいかに痛恨のミスだったのか理解するために、江戸時代の貨幣制度についてもう少し詳しく説明します。

５代将軍・綱吉の時代に貨幣の改鋳を行って以降、幕府は不足する財源を補うためにたびたび貨幣の改鋳を行いました。そして、何度も貨幣の改鋳を繰り返すうちに、

図６　金・銀の含有量

（単位ｇ）

	金含有量	銀含有量
天保小判	6.38	4.84
天保一分銀	0	8.55

いつのまにか金銀の含有量に関係なく幕府の刻印が通貨の価値を表すようになっていました。

普段その制度に慣れ親しんでいた江戸時代の人々にはそういった意識はなかったかもしれませんが、これは現代の管理通貨制と同じ、極めて進んだ貨幣制度でした。

ペリーが来航したころ使われていた天保一分銀は「一分」と刻印されることにより、４枚で金貨（小判）１枚と交換できました。しかし、天保一分銀が含有している銀の量は８・55ｇしかありません。これに対して天保小判は金６・38ｇ、銀４・84ｇを含んでいました。

当時の金と銀の交換レートは１：16でしたので、次のような式で銀に換算することができます。

天保小判の価値を銀の重さで換算すると……

金の含有量６・38ｇ×16＋銀の含有量４・84ｇ＝１０６・92ｇ

天保一分銀は「一分」と刻印されている以上、４枚で小判１枚と交換できますが、金と銀の価値だけで換算したらまったく計算が合わないことにお気づきでしょうか。天保一分銀は４枚集めても銀の含有量の合計は34・２g（＝８・55×４）にしかなりません。もし天保小判と天保一分銀を単純に銀の含有量だけを基準として交換する場合、天保小判１枚に対して、天保一分銀は12・５枚（１０６・92g÷８・55g＝12・51）必要でした。

日米通商条約での、誤った為替レート

前述のように天保一分銀は「一分」と刻印されているだけで、本来12・５枚必要なところたった４枚で金貨１枚と交換できてしまいました。つまり、幕府は刻印によって銀貨に３倍の価値を与えていたということになります。

何を隠そう、金の不足を補うため、刻印をすることで銀貨の価値３倍増させていたわけです。だから、天保一分銀はたまたま成分として銀を含んでいるだけで、銀の重量はもはや関係なくなってしまいました。

これは現在私たちが使っている「紙幣」と同じです。日銀が紙に「一万円」と印刷

図７　金・銀の含有量

（単位 g）

	金含有量	銀含有量
メキシコドルラル	0	23.50
天保一分銀	0	8.55

すれば「一万円」の価値を持つ紙幣になります。

これと同じで、天保一分銀は、銀を含んだ金属板に「一分」と印刷することによって、小判1枚の4分の1の価値、含有する銀の量で見れば3倍の価値が求められていたのです。そして、この3倍に水増しされた価値こそが、通貨発行益（シニョレッジ）でした。

ところが、日米修好通商条約第5条で決まった為替レートは次のようなものでした。

「外国の諸貨幣は日本貨幣同種類の同量を通用すべし金ハ金、銀ハ銀と量目を以比較するをいふ、双方の国人互ニ物価を償ふニ日本と外国との貨幣を用ゆる妨なし」

現代語で言い換えると、「両国の通貨を交換する際に金銀の含有量の重量ベースで交換することを認める」というものです。しかし、天保一分銀には金貨に換算すると重量ベースの3倍の価値が刻印によって付与されています。

海外から銀貨を持ち込んで日本の銀貨に両替すると、たちまちその価値が３倍になるという奇妙な現象が起こりました。


もう少し具体的に説明しましょう。

日米修好通商条約の第５条により金銀の含有量をベースに通貨を交換することになってしまったため、次のような不都合が起こります。

メキシコドルラルと天保一分銀の重量ベースの交換レートは……

23・5÷8・55＝2・75

なので、メキシコドルラル1枚で天保一分銀が約3枚もらえるという計算になります。

ということは、銀の含有量ベースで両替するとメキシコドルラル4枚で、天保一分銀は12枚手に入ります。手に入れた天保一分銀を日本国内の両替所で小判に交換すると、3枚の小判が手に入ります。あれ？　何かおかしくないでしょうか。

図8　「日米修好通商条約」で決まった為替レート

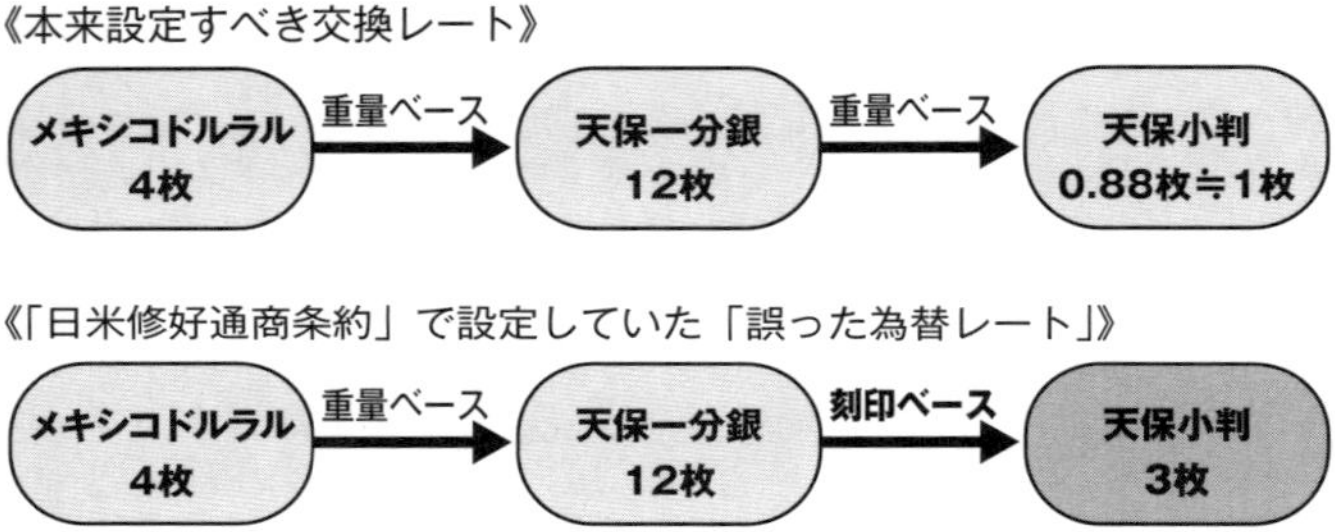

重量ベースで換算すれば、メキシコドルラル4枚では天保小判は0・88枚しか入手できません。

天保小判の銀換算価値（重量ベース）106・92g

メキシコドルラル4枚分の銀換算価値（重量ベース）23・5g×4＝94g

ところが、天保一部銀には「この銀貨4枚で金貨1枚と交換します」という刻印があるため、実際にはその価値が水増しされていました。片方を重量ベース、片方を刻印ベースで交換すると、メキシコドルラルの価値は約3倍に、逆に天保小判の価値は3分の1になってしまいます。

金属通貨の金銀の含有量をベースに貨幣価値を決め

ていた欧米人には、当時の日本の複雑な管理通貨制度を理解することができませんでした。条約の締結に当たったタウンゼント・ハリスのような三流の外交官ではなおさらです。

さらに悪いことに、ハリスのカウンターパートとして交渉に当たった下田奉行の井上清直《いのうえきよなお》と岡田忠養《おかだただやす》は勘定奉行の経験者ではあったものの、貨幣制度についてはほとんど素人でした。金銀の含有量を基準に通貨を交換するのが正しいというハリスの主張に対して何も反論できなかったのです。

さらに悪いことに、彼らを監督する立場にあった海防掛目付の岩瀬忠震《いわせただなり》も、4年前にロシアのエフィム・プチャーチンをねじ伏せたタフネゴシエーターの川路聖謨《かわじとしあきら》も、この年の7月に外国奉行に就任する水野忠徳も、当時世界の最先端だった日本の貨幣制度について、この時点ではきちんと理解をしていませんでした。

大量の金貨が海外へ大流出

しかし、幕閣たちもバカではありません。

1859（安政6）年6月の開港50日前に、かつてこの為替レートをスルーしてしまった水野忠徳が気づきました。忠徳らが気づいたのは、次のような取引を通じて大量の金貨が流出する危険性です。

① 日本でメキシコドルラル4枚を一分銀12枚と交換する
② 日本で一分銀12枚を小判（金貨）3枚と交換する
③ 香港で小判3枚をメキシコドルラル12枚に交換する
④ ①に戻る

1回やるごとに手持ちの金貨が3倍になる超オイシイ取引です。こんなことをされたら日本国内の金は短期間に大量に海外流出してしまいます。それは貨幣の減少を意味し、国内は激しいデフレによって経済に大きな悪影響が出るかもしれません。

この事態を防ぐため、開港日の前日である1859年6月2日に幕府は「安政二朱銀」という貿易用の特殊通貨を発行しました。安政二朱銀は天保一分銀に比べて銀の含有量は1・5倍あります。

メキシコドルラル1枚は安政二朱銀2枚と同じ銀の含有量になるように調整されました。そして、安政二朱銀は2枚で天保一分銀1枚の価値になるため、ちょうどメキシコドルラルの価値を３分の１に落として適正な為替レートになるはずでした。

〈誤った為替レート〉
メキシコドルラル１枚＝天保一分銀３枚
メキシコドルラル４枚＝天保一分銀12枚＝小判３枚

〈安政二朱銀を使って調整した為替レート〉
メキシコドルラル１枚＝安政二朱銀２枚＝天保一分銀１枚
メキシコドルラル４枚＝安政二朱銀８枚＝天保一分銀４枚＝小判１枚

中間的な兌換貨幣を挟み込んで為替レートを調整するというやり方は現在でも発展途上国などでよく見られます。１９９０（平成２）年頃、大学生だった私は支那を旅行したときにまさにこれを体験しました。

この頃、支那の貨幣には「人民元」と「兌換券」の２種類がありました。外貨から兌換券、兌換券から外貨への両替はできますが、兌換券から人民元の交換はできない一方通行のルールになっていました。名目上兌換券の１元と人民元の１元は等価で、兌換券の高額紙幣を使うとおつりは人民元でくれました。

そして、一旦おつりで人民元をもらうと、もう兌換券には戻せないという仕組みでした。当時の支那は厳しい資本取引規制を実施していたのです。

日本円　⇕　兌換券　⇓　人民元

兌換券は外貨と固定レートにより取引されていたため、実際には人民元より価値がありました。町のいたるところに違法な両替商がいて、兌換券1元を人民元1・2元ぐらいのレートで交換していたと思います。

安政二朱銀はまさにこの支那の違法両替商がやったことを国の制度としてやってしまおうという試みでした。

しかし、来日した外国人にしてみれば、「なんで安政二朱銀にしか交換できないんだ、不便じゃないか！」ということになります。これは条約を逆手に取った詐欺にしか見えません。

また、当時の幕閣ですらうまく説明できなかった日本の最先端の管理通貨制度を、貿易窓口になった港の役人が説明できるはずもありませんでした。最終的には武力などによる威嚇《いかく》もあり、安政二朱銀による為替レートの調整は断念せざるを得ませんでした。

その結果何が起こったのか。財務省の研究論文には、次のように書いてあります。

１８５９年６月から翌年１月までの間に30〜40万両の金貨が、全体では１００万両もの金貨が流出したと言われている。海外から持ち込んだ銀を日本で金と交換し、持ち帰った金を銀と交換すると３倍の量の銀が得られるので、当然のことながら外国の商人は金を買い漁ることに奔走し、何らかの対策が講じられなければ、日本国内で銀と交換する金の価格にプレミアムが付き、退蔵されていた金が枯渇するまで事態は進展する。

金の大量流出の過程で、超過需要の発生による金価格が上昇、逆に洋銀が大量に流入したことによる銀価格が低下するとともに、先述の品位が極めて劣る万延小判を鋳造することにより、金銀比価を国際基準に近づけることができ、ようやく金の流出は抑えることができた。（山田秀樹「為替レートと通貨についての考察」『財務省財務総合政策研究所』）

ただし、流出した小判の量には異論もあります。歴史作家の佐藤雅美氏は、その著書『将軍たちの金庫番』で次のように述べています。

ちなみに小判の流出量は、外国人にわたった一分銀の総額、小判にプレミアム価格がついたこと、小判の価格が上昇したため商品を買うほうが有利になったこと、幕府が小判の流出を制禁し始めたことなどを考慮して試算すると、およそ6万両から7万両くらいになる。多目に見積っても10万両を越すことはあるまい。小判の流出量は過去過大に語り続けられている。（佐藤雅美『将軍たちの金庫番』新潮文庫）

金額には大きな開きがあるものの、外国の商人が日本国内で「銀売り金買い」、海外で「金売り銀買い」を行うことで、莫大な利益を得たのは事実です。また、この状態を放置すれば日本の外貨準備である金準備が消滅してしまいます。事態を重く見た幕府は何らかの対策に迫られます。

万延の改鋳

原因を作った張本人であるハリスは、ぬけぬけと金貨の品位を３分の１にして国際標準に合わせるよう幕府に提案してきました。もちろん、このとき幕府には選択肢はありませんでした。

１８６０（万延《まんえん》元）年２月、小判の額面価値を１両に固定したまま、金の含有量を３分の１にする改鋳を行いました。いわゆる「万延の改鋳」です。

具体的には次のようになります。

天保小判１両　↓　万延小判３両一分二朱
安政小判１両　↓　万延小判２両二分三朱

これはいったい何を意味するでしょう。

金の含有量が減った分だけよりたくさんの小判を鋳造することができるようになります。世の中に出回る貨幣の量が増えればインフレが起こります。それが極めて短期

図９　幕末から明治初期にかけての米価推移

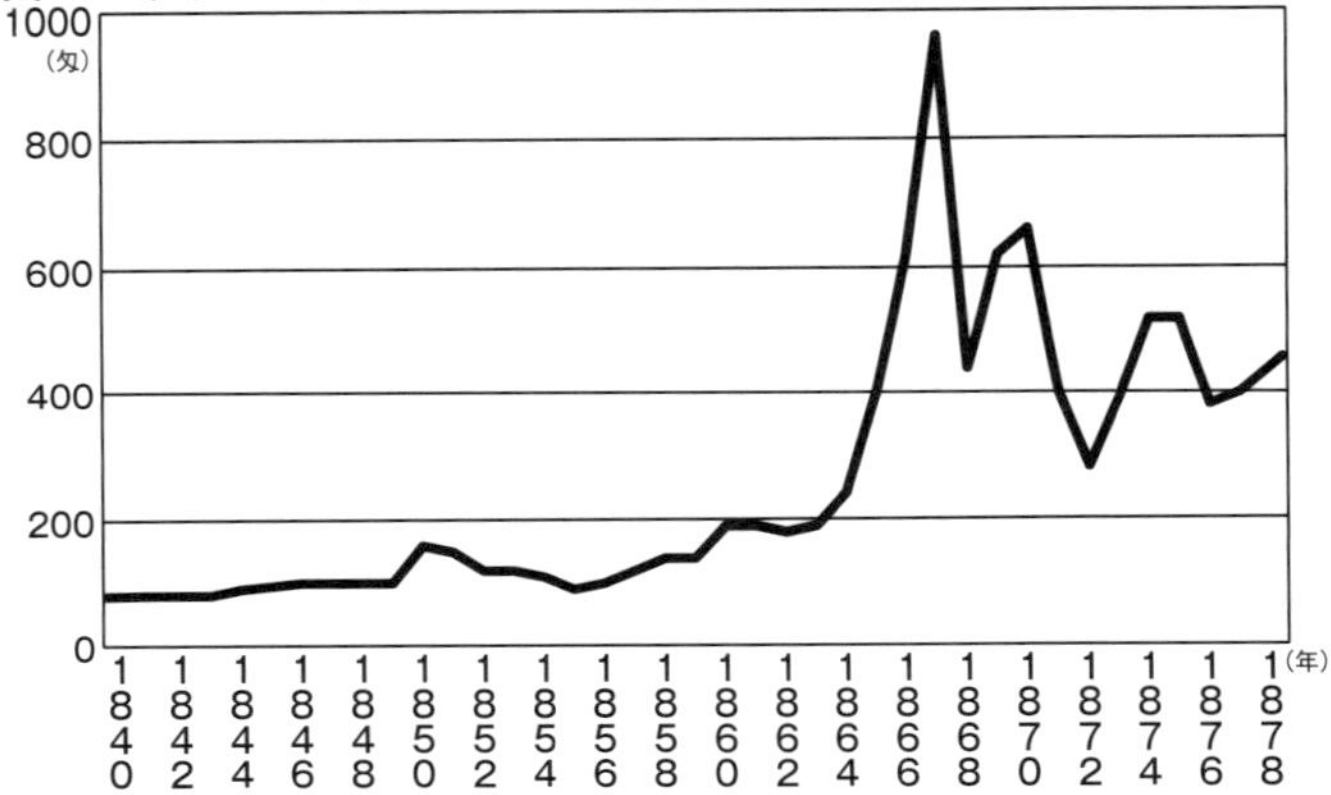

出典：『日本米価変動史』（柏書房）

※1869年以降のデータは１円＝銀65.83匁として銀貨に換算

間に、しかも急激に増加すればより激しいインフレが起こります。

当時は物価統計が整備されていなかったので、米価の値動きでこのインフレの激しさを実感してください。

上のグラフ（図9）は、１９３１（昭和６）年11月に日本農村問題研究所の中沢弁次郎氏が『日本米価変動史』として編纂した膨大なデータの一部をグラフ化したものです。

米価１石当たりの平均価格は、１８４０年代で銀82匁、１８５０年代で銀１０４匁、１８６０年代で銀３６５匁、１８７０年代で４１１匁でした。

変化率で見てみると次のようになります。

１８４０年代→１８５０年代　25％増
１８５０年代→１８６０年代　２５２％増
１８６０年代→１８７０年代　13％増

明らかに１８５９年の開港以降、かなり激しいインフレが進んでいることがわかります。幕府は、為替レートの設定を失敗してしまったために、マクロ経済に大変な混乱を招いてしまったのです。

改鋳による小判の大量発行は、小判の実質的な価値を低下させました。激しいインフレのせいで武士も庶民も生活は苦しくなります。しかし、彼らは物価が上昇する本当の理由はわかっていません。そのようなとき、人は直近にあった大きな変化をその原因と考えます。

前作『経済で読み解く 大東亜戦争』でも書いた通り、人々は経済的に困窮すると極端な思想や考え方に救済を見出すからです。そんなとき「開国したことが生活悪化の原因だ！」という素朴理論を聞けば、多くの人がそれを信じてしまいます。幕府の為替レート設定の失敗は、人々の「攘夷」の感情に火をつけ、開国を推進した幕府は人々の怒りを買ってしまいました。

万延小判によって金銀の裁定取引は縮小しましたが、外国から金を購入するために大量の銀が流入しました。そのため、銀の価格は大幅に低下してしまいます。銀貨に刻印することで通貨発行益（シニョレッジ）を得ていた幕府は財源難に陥ります。

逆に、長州藩が大量の藩札を発行してもその価値が下落しなかった理由はまさにここにありました。

幕府の失政のおかげで、藩札の流通が安定した

それは長州の藩札の発行残高と銀との交換レートの推移を見比べることでも確認可能です。長州藩では江戸中期から藩札の発行が始まりますが、その残高が爆発的に増えたのは文化・文政期に入ってからです。

次ページの図10のグラフをご覧ください。当初5万両だった藩札残高は約70年間で10倍に増えています。これだけ藩札の大増刷があった割には、藩札の価値はそれほど下がっていません。

図11のグラフは１８２２（文政５）年以降のものですが、これ以降藩札の発行残高

図 10　長州藩の藩札残高推移（銀貫目）

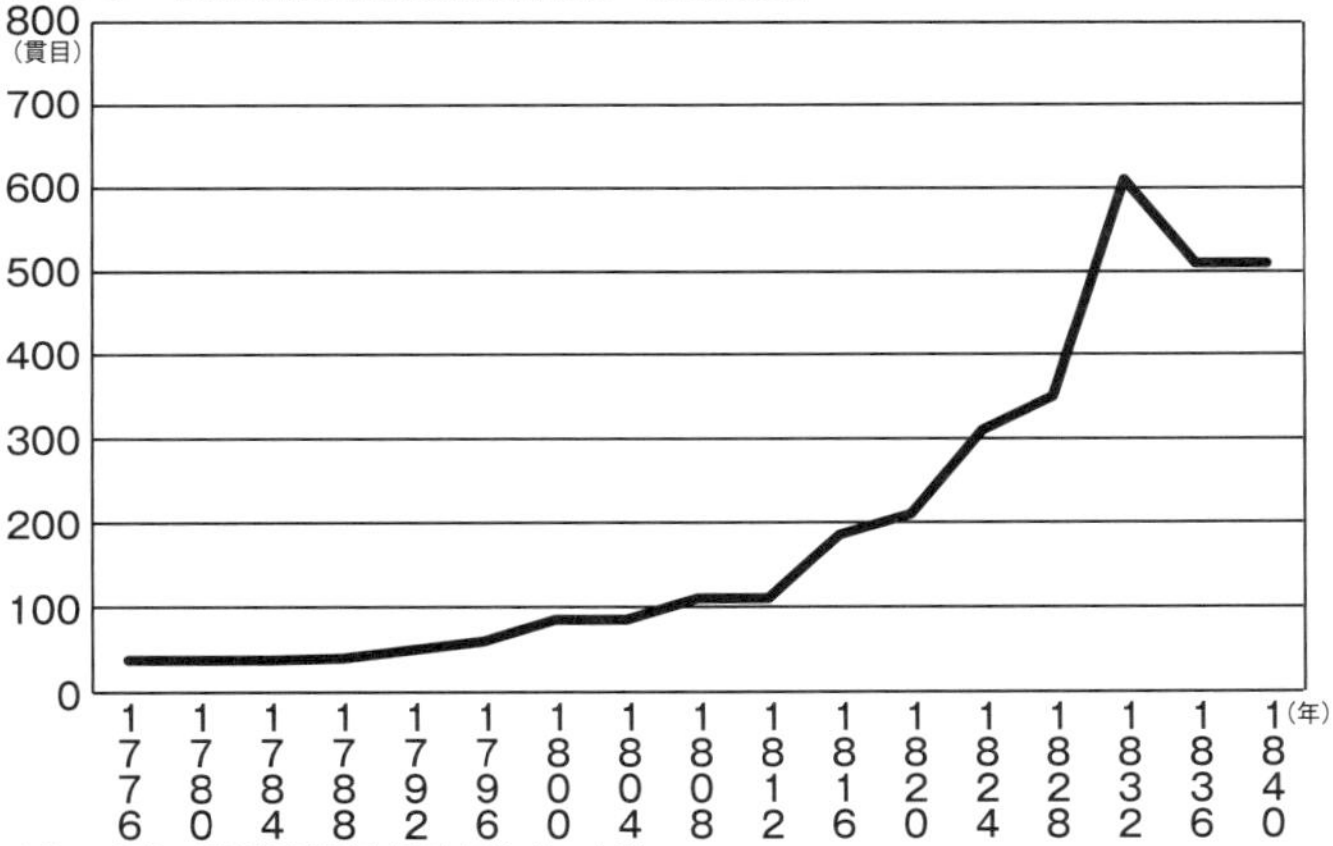

出典：田中誠二『幕末期萩藩財政史研究序説』（山口大学）

図 11　長州藩の藩札残高推移（正銀100に対する札価指数）

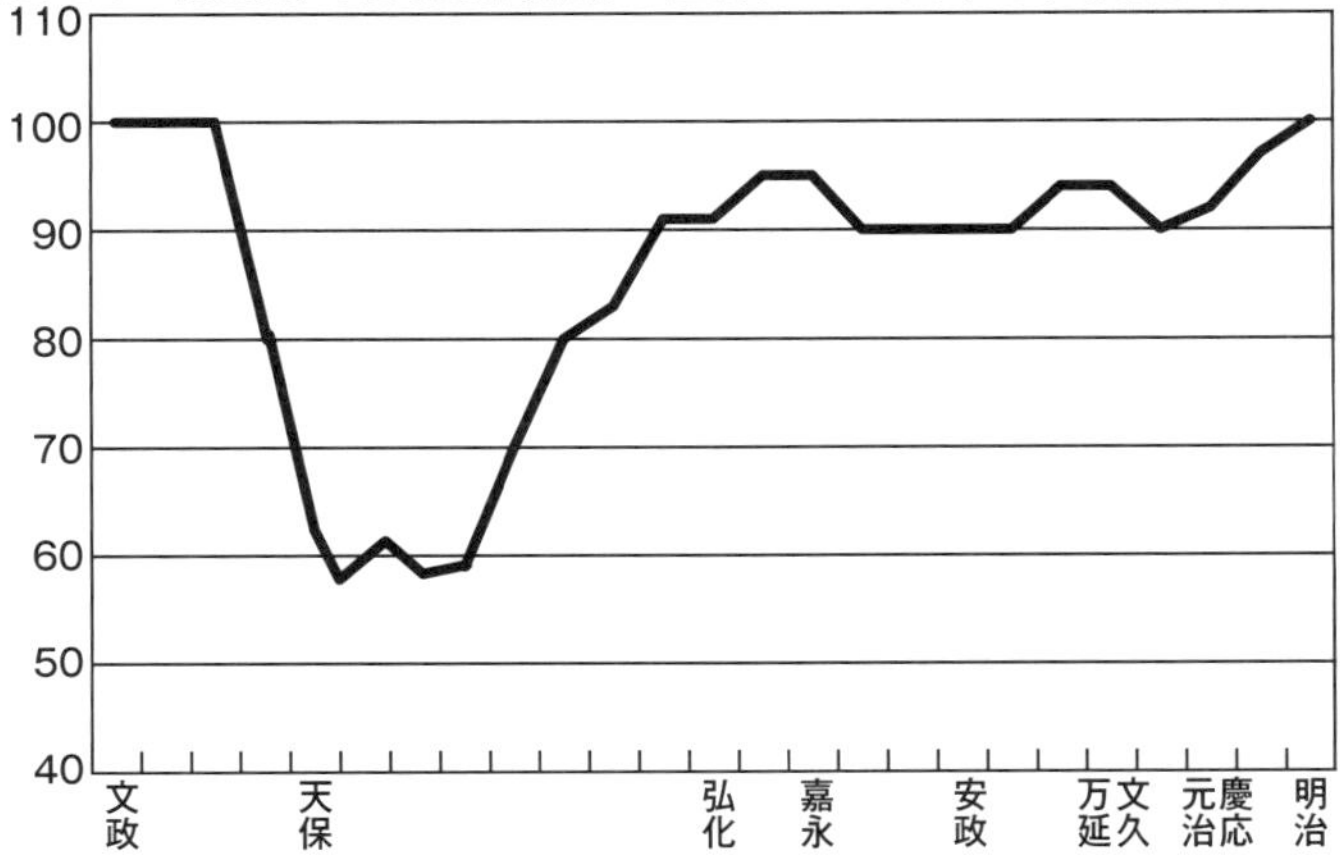

出典：田中誠二『幕末期萩藩財政史研究序説』（山口大学）

が3倍増している割にはその価値は最大でも4割程度しか下落していません。天保中期で藩札の価値が落ち込んだのは、藩札を刷り過ぎたからだとして、それ以降、藩札の発行残高は3倍になるのにむしろ価値が上がっています。これはいったいなぜでしょう。

前述の通り「為替レートの設定ミス」により、海外から大量の銀貨が流入しました。その結果、大量に出回った藩札とうまくバランスしてしまったのです。

前掲の論文の中で、田中誠二氏も次のように指摘しています。

幕末の藩財政にとって重要なのは、和市変動（相場変動　※筆者注）である。まず藩札は、文政12年～天保2年の1万5000貫目に及ぶ大増刷による減価があったので、しばらく増刷は控えられていた。それが安政5年～元治元年の間に2万5000貫目もの大増刷を行った。

これによって米価は8斗替え～6斗3升替え（石別125～158匁）に高騰したが、思ったほど歩差しは出なかった。これは「後口金」の準備を行い以前の教訓を活かしたこと、幕府の悪鋳、金銀の海外への流出などによって、逆に藩札の流通が比較的安定するという条件があったこと、などによるものである。

そして文政５年から明治４年まで50年間の米を指標にした札銀価（正銀も）の変遷は、巨視的にみれば、50年でじつに９分の１に減価したと言える。これは大量に借銀を抱えている藩にとっては僥倖《ぎょうこう》であり、また米を持っている者が強いということを意味する。

幕末・維新期のうわべの金額に驚いてはならない。ましてや元治〜慶応３年の戦争状態にあって、大坂・江戸御用達への返済は、政情を理由に凍結されたし、明治に入っての藩債の整理も和市変動を利用して藩に有利に働いた。

（山口大学・田中誠二「幕末期萩藩財政史研究序説」）※傍線は筆者による

なんと、幕府のほうも幕末にかけて、銀貨の価値が９分の１になるぐらい大量鋳造していたのです。これなら、藩札を３倍ぐらい刷ったところであまり関係ないどころか、むしろ藩札のほうが「安定通貨」として好まれるという事態も起こって当然です。

第6章

「明治維新」に必要だった、
薩摩藩の〝リアリズム〟と長州藩の〝狂気〟

I 「薩長同盟」の経済的背景

「お金の恨み」は恐ろしい

ついに、幕府が経済政策で大失敗を犯し、大名や百姓（農民とは限らない）たちの不満のボルテージが上がってきました。やはり、「お金の恨み」は恐ろしいですね。

江戸幕府は「大名の連合政権」です。幕府は大名の領地に干渉しない代わりに幕藩体制維持のための協力を得る仕組みでした。しかし、西欧列強の登場で、この約束が守れなくなりそうだということが誰の目にも明らかになってしまったのです。

ベースにあるのはお金の恨みですが、表向きは外国との関係、今後の日本の政治はどうあるべきかについて、ここから国論を二分、三分して様々な意見が噴出しました。すべての意見を追いかけていると大変なので、ざっくりとまとめて説明します。

基本的に、「明治維新」の政治的なプロセスは、以下の三者の合従《がっしょう》連衡《れんこう》を見ていればわかるようになっています。

●一会桑《いちかいそう》（徳川慶喜、会津藩、桑名藩）
●薩摩藩
●長州藩

「八月十八日の政変」（1863／文久3年）と、「禁門の変」（1864／元治元年）までは武力で朝廷を制圧してクーデターを起こそうとした長州藩と、それを阻止しようとした一会桑＋薩摩藩の連合軍が対立しました。これらは長州藩の完敗でした。

しかし、その後に突如薩摩藩が長州藩と同盟を組み（「薩長同盟」1866／慶応2年3月7日）、薩摩藩＋長州藩の連合軍と一会桑の対立へと変化しました。

1868（明治元）年1月27日から30日にかけての「鳥羽伏見の戦い」からは本格的な軍事衝突（「戊辰《ぼしん》戦争」）へとエスカレートし、1年半後の1869（明治2）年5月18日、函館の五稜郭陥落によって最終的に薩長連合軍（新政府軍）の勝利が確定しました。

「薩長同盟」と「海援隊」

倒幕のターニングポイントになったのは、明らかに「薩長同盟」です。この同盟は亀山社中《かめやましゃちゅう》の坂本龍馬から提案されたもので、幕府の包囲網によって武器の購入が禁止されていた長州藩に代わり薩摩藩が武器を購入し、その代わりに兵糧米《ひょうろうまい》が不足していた薩摩藩に長州藩が米を提供するという「ディール（取引）」です。

とは言え、長州藩にとって一番大きな成果は、薩摩藩が幕府による「第二次長州征討」への出兵要請を拒否したという点です。

龍馬の「亀山社中」（1867／慶応3年4月に「海援隊」に改称）はイギリスのグラバー商会の代理店的なポジションにあり、この取引をサポートしました。長州藩から派遣された伊藤俊輔（伊藤博文）らは、1866（慶応2）年8月に海援隊の高松太郎の紹介でグラバーと密会し、最新式のミニエー銃4300丁、ゲベール銃3000丁を合計9万2490両で買い付けました。荷物は薩摩藩小松帯刀《こまつたてわき》の指示のもと、薩摩藩船で下関へ運ばれて、長州藩に引き渡されました。

しかし、長州藩から薩摩藩に送られる予定だった兵糧米については薩摩藩が辞退して受け取らなかったそうです。歴史小説などでは、第２次長州征伐直前だったため、兵糧米はこれから戦争する長州にとどめるべきだと西郷隆盛が主張し、結局、宙に浮いてしまった兵糧米は龍馬がもらったということになっています。おそらくそれが事実でしょう。

薩摩はなぜ長州と手を結んだのか

ただ、ひとつ謎があります。なぜ薩摩藩はこのとき一会桑から寝返ったのか――。

もともと八月十八日の政変や禁門の変において薩摩藩は一会桑（徳川慶喜＝幕府、会津藩、桑名藩）側にいたはずで、長州藩にとっては「敵国」だったはずです。

その理由には諸説ありますが、どれもこれといった決め手を欠くものばかりです。島津久光がまだ無位無官で藩主でもない１８６２（文久２）年に「京都守護と公武合体」を実現すべく入京したのを徳川慶喜が快く思っていなかったとか、１８６３（文久３）年の八月十八日の政変を受けて設置された外様大名が幕政に参加する「参預会議」において、久光と慶喜が長州処分や横浜港問題でことごとく対立したとか、いろいろなことが言われています。

また、久光はこの混乱に乗じて本気で征夷大将軍になろうとしていた節があり、一会桑とくっついている限りそれが無理だと悟ったので寝返ったという仮説もあります。

教科書的な説明では、薩長ともに、イギリスとの戦争でイギリスの実力を知り、単純な攘夷では外国に対抗できないと悟ったと言うことだそうです。しかし、どれもいまひとつ決め手を欠きます。

ただ、公武合体を主張して構造改革を迫った久光が、幕府の引きずる古いシステムに限界を感じていたのは間違いありません。また、八月十八日の政変後に開かれた参預会議で、外様でも中央政治に参加する道筋が開けるかと期待したところが、思いっきり慶喜に裏切られたこともショックだったかもしれません。

文久3年末に設置された参預会議は翌年3月には崩壊してしまいました。自らが主導して幕藩体制を改革しようと思っていたのに、現実にはあまりにもわからず屋ばかりで話が進まず、久光は絶望したのかもしれません。

そもそも、薩長同盟の時点で現実問題として薩摩藩内の兵糧米不足はどの程度深刻だったのか検証が必要です。『日本米価変動史』によれば、薩長同盟の前年の1865（慶応元）年の天候は適順でしたが、「天下騒然として異常に高く、ことに中國事件ありて以来、秋より冬にかけて騰貴」との記述があります。

翌年の1866（慶応2）年は凶作でした。『幕末江戸市中騒動記』には1866年の5月の打ちこわしと、9月の「粥騒ぎ」の様子が記録されています。「粥騒ぎ」とは、民衆が大名屋敷や商家に押しかけて米の供出を強要し、寺社境内で炊き出しをするというものです。

『日本米価変動史』の1866年のページでは、当時の社会情勢について次のようにコメントしています。

米価益々高く、石建米一時停止、五六月美濃、大阪、武蔵の窮民蜂起す、江戸には粥騒ぎあり、したがつて諸藩の稟米《りんまい》（備蓄米）低売、外米の売買、酒造五分の一と制限を附して、調節に当たれども及ばず、長州征伐の乱、其他物情騒然、九州、北國米等の出回り悪く、米価騰貴す。（中沢弁次郎『日本米価変動史』柏書房）

確かに1866年の薩長同盟締結の年は、米不足になりかけていました。しかし、当時まだ曲がりなりにも機能していた幕藩体制は石高制を前提としていました。米価が高騰すれば幕府の財政には余裕が出るはずで、それが天明の飢饉を助長したという話はすでに述べた通りです。1866年は凶作と言っても飢饉と言えるレベルではなく、藩の財政にとってはむしろプラスだった可能性もあります。
だとすると、龍馬が持ちかけた武器の身代わり取引と兵糧米の交換という取引は薩摩藩が飛びつくような好条件ではなかったのかもしれません。やはり、薩摩の裏切りの真相は、久光の幕政改革への幻滅がメインなのではないかと思います（ちなみに、イギリスの影を指摘する意見もありますが……）。

田園化する長州

維新回天の原動力となった長州の殖産興業については、興味深い研究があります。工業化の一段階前のプロト工業化という段階に関する慶應義塾大学の西川俊作教授、斎藤修教授らの研究です。

一般的にある国が近代化する過程において、機械の導入は大きな節目になります。マックス・ヴェーバーはそのような近代的な工業化の先行条件として次の2つを挙げています。

①　貨幣経済の発展途上に成立する、広大で、かつ安定的・持続的な市場の存在

②　自由な労働者の存在と、作業場内の分業および「労働のディスチプリン（Discipline）」

（出典：斎藤修『プロト工業化の時代』岩波書店）

２つの条件が満たされると、企業経営者たちの機械使用とその改良について大きなインセンティブが生まれます。簡単に言うと、作れば売れる時代になったので、設備投資が盛んになるというごく当たり前の話です。

ではこれらの先行条件はいかにして形成されたのでしょうか。それを知るには、産業革命以前の「プロト工業化の時代」にどんな変化があったのかを研究しなければなりません。

その時代とは具体的に言うと、西欧の17、18世紀であり、日本の18、19世紀です。これら2つをプロト工業化の時代として比較することによって何かが見えてくるというのが両氏の研究のポイントです。

では、このような視点に立つと、長州の殖産興業はどのような位置づけになるのでしょうか。西川氏は「最終的には工業化にはつながらなかった」と指摘しています。

プロト工業化は「工業化の第一局面」もしくは工業化前の工業化ともいわれるが、

しかし、プロト工業化地域が産業革命とともに必ず工業化するとは限らない。むしろ逆に田園化し、工業化しようとしてもそれに失敗してしまったケースも少なくなかった。

長州はプロト工業化においては「先進的」であったけれども、もし視野を明治末期までに限ってみるならば、山口県は工業化に挫折した地域に見える。その原因としては、第1にこの県が有力輸出品であった生糸の生産、茶の産出に恵まれなかったことに、第2に下関港が貿易港とならなかったことに、第3に銀目廃止の影響で県内の資産が大幅に減価したことに、第4に政治、経済上の有能な人材が大阪、東京に流出してしまったことなどを、数えることができる。（西川俊作『数量経済史の原典―近代移行期の長州経済』慶應義塾大学出版会）

長州藩は生糸の生産よりも米の生産を重視したことで農業は廃れました。また、国内向け廻船ビジネスから外国との貿易へと商売が広がってきたにもかかわらず、下関港が貿易港に指定されなかったことは大きなマイナスでした。やがて来る本格的な工業化の波に、長州藩（山口県）は完全に乗り遅れてしまったのです。

しかし、だからといって長州の殖産興業が無駄だったというわけではありません。

明治時代の工業化のスピードは、私たちが考えているよりもゆっくりと進んでいました。むしろ、明治時代は江戸時代につくられた生産システムや流通システムのほうが主に稼働していて、近代的な仕組みにとって代わられるのは大正時代以降のことです。

そういう意味で、長州藩の殖産興業も完全な近代化に移行する前の過渡期的な期間において、日本の産業を支えることには貢献してきたと言えます。

また、長州藩の衰退について、もう一つ重要な点を指摘しなければなりません。西川氏が３番目の理由として挙げている「銀目廃止」です。

これはいわゆる１８６８（明治元）年に行われた「銀目停止」のことで、ざっくりいえば新政府による銀貨の流通停止のことを指します。現代的な言い方に直せば、国家破産本などではお馴染みの「新円切り替え（古い通貨の取引停止と新しい通貨の発行）」のことです。

江戸時代は、大坂の商人たちがたくさんの銀貨をため込んで大名貸をしていました。彼らは預かった銀の預かり証を発行し、その預かり証を決済に使ったりできる金融ネットワークを形成していたのです。

実際に預かっていた銀の量と預かり証の量が一致しているうちはよかったのですが、徐々に預かっている銀よりも預かり証の残高のほうが大きくなっていきました。それでも、この制度は送金や決済などの為替取引にとても便利で、多くの人が利用していました。大坂の両替商たちは、実質的に管理通貨制度における中央銀行のような役割を担っていたのです。

新政府としては、民間銀行が勝手に中央銀行の役割を担うことなど認めるわけにはいきません。新政府の中には長州出身の閣僚もたくさんいたので、銀貨の取引停止による長州藩へのダメージを考えたかもしれません。しかし、出身地の事情なんてお構いなく、銀貨の流通は停止されてしまいました。

その結果、長州藩が幕末にかけてため込んだ銀貨も、この時点で通貨としての価値を喪失し、単なる金属としての価値しか持たなくなってしまいました。貨幣の鋳造のときに説明した通り、日本の銀貨は銀の含有量ではなく、そこに刻印された印字を名目価値として取引されていたからです。

「金融政策の自由」の喪失

安政の開国以降のマクロ経済状況を「国際金融のトリレンマ」を使って考察してみましょう。

第3章でも説明したように、国際金融のトリレンマとは、以下の3つのうち2つを選択すると残り1つは絶対に達成できないという大原則です。

①固定相場制
②金融政策の自由
③資本取引の自由

安政の開国以前、幕府は外国との貿易を制限していました。貿易が制限されているということは、通貨も自由に交換することはできませんので資本取引の自由が制限されていたということです。つまり、国際金融のトリレンマで見ると、以下のようになります。

①固定相場制　◯
②金融政策の自由　◯
③資本取引の自由　×

ところが、安政の開国によって外国為替取引が自由化されてしまいました。しかも、その交換レートは金銀の含有量をベースに固定された為替レートでした。

資本取引が自由化され、レートが変わったとは言え固定相場制が続いたということは、必然的に金融政策の自由が失われてしまうことになります。幕末の激しいインフレはまさに幕府が金融政策の自由を失ってしまったことによって発生したのでした。

①固定相場制　〇
②金融政策の自由　×
③資本取引の自由　〇

激しいインフレはもちろん経済には有害です。しかし、逆もまた真なりで、激しいインフレの裏側では、同時に大幅な「自国通貨安」が発生しています。万延小判が外貨に比べて大量に発行されたのですから当然です。

もし、現代の日本で大幅な円安が発生すれば、自動車や家電製品などが海外でバカ売れすることでしょう。同じように、当時の日本では主力の輸出産業だった製茶業や製糸業などを中心とした海外輸出が盛んになります。江戸時代初期には自国で生産できず輸入に頼っていた生糸ですが、その後金銀が枯渇して輸入できなくなったため、徐々に国産化が進んでいたのです。

「生糸貿易」の急成長！

しかもちょうどこの時期は、支那が「太平天国の乱」（1851〜64年）の真っただ中でした。支那は世界的な絹と茶の産地でしたが、戦乱で国土が荒廃し、絹の輸出どころではありません。

またヨーロッパにおいても、微粒子病などの蚕病によって絹の生産量が大幅に低下していました。絹と絹織物マーケットは供給不足に陥っていたのです。

日本の百姓（農民とは限らない）たちがこのチャンスを黙って見ているわけがありません。江戸時代の中期から、マーケットオリエンテッドな生産者、流通業者は日本中に溢れていましたから当然です。

1859（安政6）年の横浜開港により、これまで長崎にほぼ制限されていた貿易が、横浜でもできるようになりました。このチャンスをとらえて一攫千金《いっかくせんきん》を狙う人々が絹や茶の増産に励み、大量の物資が港に運び込まれたのです。養蚕は東日本の山間

図12 「国内向け生糸」と「貿易向け生糸」の比較

年度	国内向け数量（個）	貿易向け数量（個）	国内向け価格（両）	貿易向け価格（両）
1857（安政4）	514.0		24,160	
1858（安政5）	567.0		28,375	
1859（安政6）	1,758.0		140,640	
1860（万延元）		11,585.0		
1861（文久元）	1,667.5	12,523.0	141,737	1,189,685
1862（文久2）	1,072.0	35,235.0	96,480	2,523,500
1863（文久3）	238.0	26,552.0	28,560	3,420,820

出典：『横浜市史』（第二巻　p.396）

図13 総輸出額に対する生糸輸出額

年	総輸出額 A（ドル）	生糸輸出量（ピクル）	生糸輸出額 B（ドル）	A／B × 100
1860（万延元）	3,954,299	7,703	2,594,563	65.61
1861（文久元）	2,682,952	5,646	1,831,953	68.28
1862（文久2）	6,305,128	15,672	5,422,372	86.00
1863（文久3）	10,554,022	19,609	8,824,050	83.60
1865（慶応元）	17,467,728	16,235	14,611,500	83.65

出典：『横浜市史』（第二巻　p.370 ～ 372，312，375）

部などで行われていましたが、そこで作られた絹は横浜を目指しました。

上2つの表（図12・13）をご覧ください。

当時の日本の生糸は、ヨーロッパ産に比べると半値以下で購入することができました。海外の業者がこんな安い仕入先を見逃すはずがありません。大量の生糸が横浜港で買い付けされ、ヨーロッパやアメリカに運ばれていきました。

開港から5年後の1864（元治元）年には絹の輸

図 14　生糸の生産量と輸出量の変化

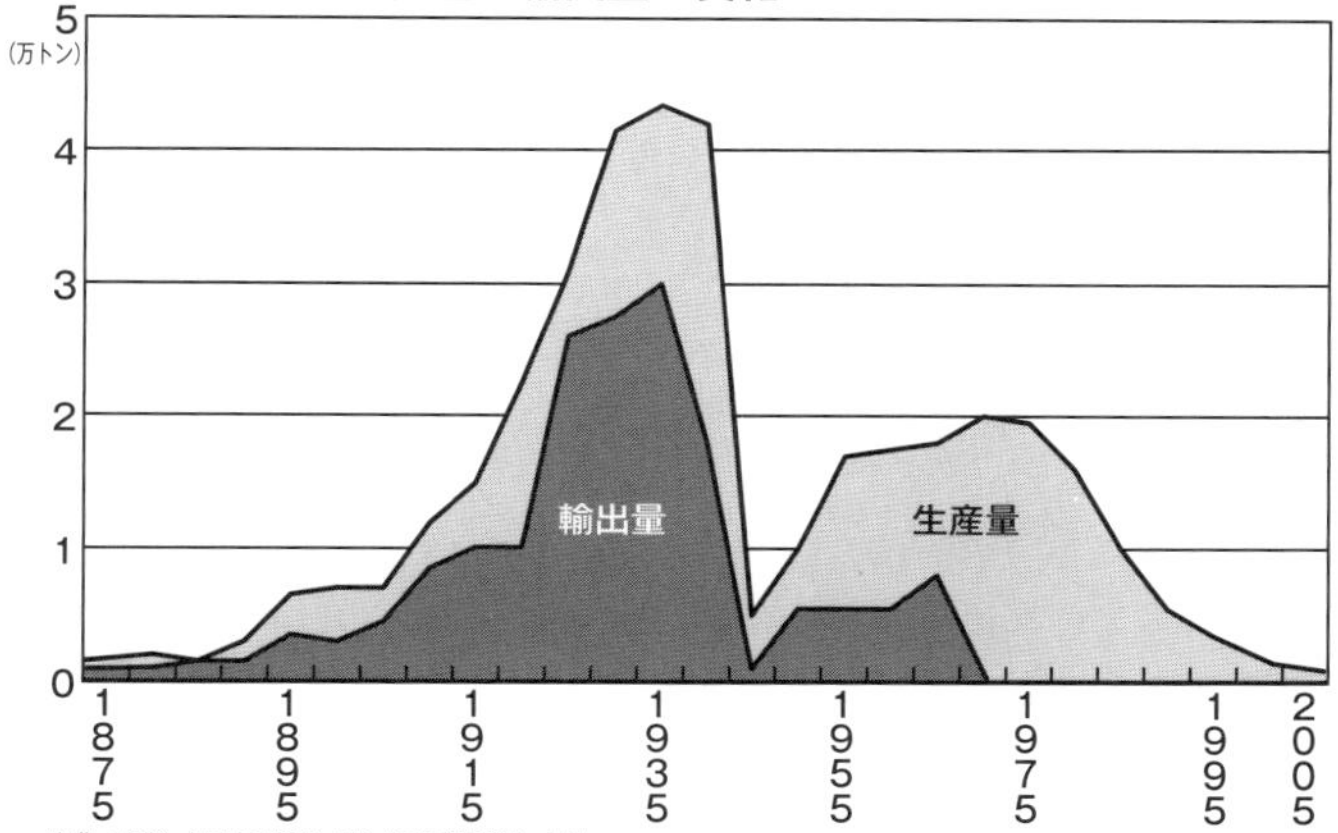

出典：（財）大日本蚕糸会 HP（蚕糸業要覧）より

出量は60～70％も増加し、日本の輸出全体の4割弱を占めるようになりました。

その結果、横浜港の取扱高は激増し、かつては貿易額のほぼ100％を独占していた長崎のシェアは1867（慶応3）年には24・6％にまで落ち込みました。

生糸貿易がその後どうなったのかは、上のグラフ（図14）でご確認ください。ものすごい成長産業であったことが一目瞭然です。

なぜ日本にこんな芸当ができたのか。ここまで読み進めていただいたみなさんにその理由は説明するまでもないと思います。

すでに、江戸時代に民間消費の爆発的

な伸びがあり、市場のニーズに合わせて様々な商品作物を作って現金収入を得るというビジネスモデルは当たり前になっていたからです。

「百姓は農民に非ず」、まさにこれこそが江戸の蓄積の本質だったのです。

Ⅱ 「貨幣制度」の混乱と「円」の誕生

「江戸の蓄積」を引き継いだ明治政府

日本が明治以降近代文明を取り入れて発展したのは、日本人が明治維新によって、ある日突然「近代化」に目覚めたからではありません。すでに江戸時代の日本は高度な資本主義を発達させていました。

再び、明治大学准教授で経済学者の飯田泰之氏の言葉を借りれば、江戸時代の日本はすでに「エネルギー革命なく発達できる限界までいった社会」になっていたのです。安政の開国以降は市場が世界に開かれると同時に、日本がもともと持っていたこの経済的なパワーが海外に向けられました。

さらに、開国によって西洋から機械技術が導入されたことにより、そのパワーはむしろ増強されました。民間企業は開国によって絶好調です。

では、公共部門である幕府と諸藩はどうでしょうか。実は、これが意外と大した問題を抱えていなかったのです。

例えば「財政難」についても、薩長の債務処理のところで述べた通り何とかする方法があったのです。ところが、歴史教科書は金額の大きさばかりに注目して本質をとらえていませんでした。公的な部門の債務は、債務の金額よりも維持可能性のほうが問題です。これは薩摩藩と長州藩の債務処理のスキームを説明した時に説明した通りです。

同じく歴史教科書では評判の悪い「藩札」も、銀貨が大量流入した幕末においてはむしろ銀貨より価値が安定していたという衝撃の事実もデータで示しました。

では、安政の開国に際して為替レートの設定失敗から激しいインフレを招いた点についてはどうでしょう。確かに「安政の開国」(1859／安政6年)から「大政奉還」(1867／慶応3年)までの8年間に、米価は約7倍(1石当たり銀121匁から870匁)になりました。

しかし、それは平均してみると年28％の価格上昇に過ぎません。1923年ワイマール共和国のハイパー・インフレは、年率13000％、1987年のアルゼンチンのインフレは年率４２００％でした。確かに、年率28％の米価上昇は１９７２（昭和47）年の日本の狂乱物価よりは高いのですが、それでもドイツやアルゼンチンで起こったハイパー・インフレに比べれば桁違いにマイルドでした。

江戸幕府は「成立当初の設定ミスによる、構造的な税収不足」という問題がありました。また、石高制と幕藩体制はデフレ・レジームであるという欠陥もありました。日米修好通商条約では為替レートの設定も間違えました。

しかし、それでも貨幣の改鋳や、藩札の発行、万延小判による強引な通貨価値の調整などにより、何とかその欠陥がカバーされたのも事実です。もちろん、そういった経済安定化策を実施したのは幕府や諸藩の政策当局者でした。

こういった長年の実績のおかげで、新政府が成立した後も、大半の日本人は経済システムという面では幕府に信頼を置いていました。そのことは新政府が発行した太政官札より、江戸時代から使われていた金貨、銀貨および藩札のほうが、信用力があったことからも明らかです。

「金札時価通用停止を命ずる布告」

新政府は1868（明治元）年末に、「太政官札時価適用令」を出しました。その内容は太政官札120両をもって金100両に交換するというものです。本来、太政官札の100両は金100両に相当したはずですが、太政官札が不換紙幣だったこともあり、このお触れが出る前から実勢レートは「金高太政官札安」でした。

新政府は1：1の交換比率（固定レート）を維持することができず、太政官札発行から1年も経たないうちに実勢レートを追認せざるを得ませんでした。

これはとりもなおさず、明治時代になっても人々は経済面においては新政府の信用力に疑問を持ち、幕府の作った貨幣制度のほうが信頼できると考えていたということです。

しかし、いくら新政府が新しいお触れを出しても、太政官札の価値の下落は止まりませんでした。太政官札は雑に印刷された紙幣だったため、偽札がたくさん出回ったこともその原因です。

そこで、1869（明治2）年4月、新政府は再び太政官札を名目レートで交換するようお触れを出します。いわゆる「金札時価通用停止を命ずる布告」です。今回は太政官札の発行上限を３２５０万両と定めることで、何とか人々の信頼を勝ち取ろうとしました。

ところが、新政府の頑張りの甲斐もなく、やはりこのお触れは誰にも相手にされませんでした。同年６月に新政府が行った横浜周辺の太政官札流通状況探索で、生糸の仕入れに太政官札を使う場合は、ある程度プレミアムを上乗せしないと受け取ってもらえないことが判明します。

成城大学教授の岡田俊平氏の『太政官札価値安定方案について（１９６３）』という論文によると、蚕糸掛世話役頭、半蔵・善次郎名儀の上申書の中で次のように述べています。

正金ニ而金壱両ニ付生糸目方三拾目之品、金札ニ而弐拾目買入候

〈筆者による現代語訳〉
金貨1両で生糸は30目方の品が買えるが、金札（太政官札）では20目方しか買えない

新政府の努力とは裏腹に、太政官札に対する信頼は低く、金貨よりも3割ほど低い価値しか認められていなかったのです。岡田俊平氏はその状況を次のように説明しています。

太政官札に対する社会的な信認は商業都市においては兎《と》も角、生産地帯においては依然として不十分なものであり、正貨と金札の平価流通が布告された後においても、主要輸出商品である生糸の集荷手段として太政官札を利用しようとするとき、正貨による仕入に比較して商品仕入契約の成立が困難であり、太政官札による決済契約が成立するとしても三割余の高価買入を条件としなければならなかったのである。

この記述は、不換紙幣である太政官札と正貨を平価に流通せしめることを強制しようとする布告が、商品流通機構における経済原則を圧倒するほどの強制的効果をもつに至らない真理を明らかにしていると言えよう。（岡田俊平「太政官札価値安定方案について」成城大学経済研究／1963年3月）

新通貨「円」の登場！

１８６９（明治２）年と言えば、函館の五稜郭が陥落し、国内に新政府に対抗できる政治勢力がなくなった時代です。有り体に言えば、新政府がすでに天下を取っている状態でした。しかし、天下を統一した新政府がいくらキャンペーンしたところで、商人たちは意に介さず、以前の貨幣制度をベースに経済活動を行っていたのです。

新政府の発行する太政官札はあまりにも信頼がなかったため、新政府は１８７１（明治４）年6月に「新貨幣条例」を布告しました。これは当時のグローバルスタンダードだった金本位制と国内の通貨システムを連動させるための措置であり、江戸時代の貨幣制度からの移行を図るための最終手段でした。

具体的には新しい通貨単位を「円」とし、金１・５gを含有した1円硬貨を近代様式製法により発行しました。金貨が本位通貨で、銀貨と銅貨は補助通貨です。江戸時代は銀60匁で金1両とか、一分銀4枚で金1両といったかたちで必ずしも十進法に基づいていませんでしたが、円の１００分の1が「銭」、銭の１００分の1を「厘」としてすべて十進法に統一されました。

紙幣については1872（明治5）年にドイツに印刷を委託した「明治通宝」を発行し、太政官札は回収されました。太政官札の回収には6年ほどの歳月を要し、最終的に1878（明治11）年にすべての紙幣が明治通宝に統一されました。

円の発行に伴い、江戸時代と明治初期に発行された貨幣については、1874年から回収が始まりました。回収に際して交換レートは次のように定められたそうです。

〈旧貨幣「金1両」の引換え価格〉

太政官札金1両＝1円
万延小判1枚＝1円30銭4厘
万延二分金2枚＝1円8銭6厘
万延一分金4枚＝1円30銭4厘
万延二朱金8枚＝1円8銭9厘
安政一分銀4枚＝1円24銭7厘
嘉永一朱銀16枚＝1円18銭4厘

〈額面「金1両」の藩札の引換え価格（例）〉

尼崎	1円
米沢	1円
富山	98銭
松代	88銭9厘
彦根	80銭8厘
高崎	71銭4厘
郡上	66銭7厘
弘前	55銭3厘
高知	33銭3厘
鹿児島	32銭2厘

（出典：日銀貨幣博物館ＨＰ）

ここまでやって初めて、人々は新政府の通貨を信用し、すべての取引を円に切り替えたのでした。

ちなみに、戊辰戦争の結果に伴う懲罰的な領地替えなどはあったものの、「廃藩置県」が実施される１８７１年まで、藩も年貢も藩札も存在していました。年貢が地租に改められるのは、廃藩置県からさらに2年後の１８７３（明治6）年です。

「円の誕生」の黒歴史

さて、一見めでたく新貨幣への切り替えが済んだかのように見えますが、実は円の誕生には黒歴史があります。円への切り替えは、国際的な金本位制に国内の通貨体制を合わせるために必要な措置でした。しかし、「金本位制」というシステムそのものが実はデフレ・レジームだったのです。

金本位制とは「自国が保有する金を貨幣発行の上限とする制度」です。明治時代のように経済が大きく発展する時代において、貨幣発行量の上限が存在するということはお金不足が発生する危険性が高まります。モノとお金のバランスがお金不足によって崩れると、発生するのはデフレです。

では、新貨幣条例が発布された１８７１（明治４）年に何が起こったのか。『米価変動史』の明治４年のページには次のように書いてあります。

米価は一昨年の不作及元年以降の金札濫発の影響下に大暴騰して以来、昨年の豊作にも拘らず、漸落傾向にはあるが、未だ平常価格に鎮静せず、奮臘より年初に懸け、尚ほ甚だしく高値にあつた。然るに不作に驚いて貯米した各府藩県の官庫米が、当春以来漸次払い下げられ、加ふるに新貨條目の制定次いで不換紙幣の回収となり、政府の幣制次第に強化信用を博するに至り、米価亦日を逐ふて下落、然るに5月中旬近畿大雨、被害相当甚しく、天候亦土用半迄不良、為に一時ハネ返したが、其の後気候順調に進み、立秋無難豊作の為め、年末米価は年初に比し、8割方下落した。（中沢弁次郎『日本米価変動史』柏書房）

最後のところに「年末に米価が8割下落」と書いてあります。半端ないデフレが起こってしまったということです。翌年の1872（明治5）年には早くもデフレの悪影響が全開となっております。

此の年は各種の意味に於いて重大視され可き年である。即ち明治新政府成立後、経済的には米価暴落を動因として、第一次農業恐慌の襲来した年であり、亦社会的には開国新取、文明開化のスローガンの下に諸事大改革が行われ、奮習慣行に多大の憧れを抱く地方人心に一抹の不安を與へ、全国各所に不穏の騒擾《そうじょう》を勃発せしむるに至つたからである。此の時政府は昨年の廃藩置県制に依り、奮藩より引継げる売米乃至《ないし》幕府貯蔵籾米及び軍用糒等を払ひ下げたる結果、3年の豊作以来逆落しの下落路を辿つて居た米価に拍車を懸け、終に米価は4円台から3円台に引き下げられ、農民の困憊《こんぱい》一方ならぬものがあつた。（前掲書）

デフレが発生して困窮するのは、農民ばかりではありません。デフレは景気の悪化を通じて、特に低所得者や一定の給与を保証されていない人々の生活に悪影響を及ぼします。

明治初期において会社勤めをしているサラリーマンはほとんどいませんでした。大多数の日本国民は自営業者で、さしたるセーフティネットも整備されていなかったのです。新政府は成立早々いきなり試練を受けることになったのでした。

大名は被害者？　利得者？

幕末を生きた人にとって、経済システムが大きく変わったと実感したのはおそらく安政の開国の1859（安政6）年ではないでしょうか。大政奉還から戊辰戦争を経て廃藩置県に至る、いわゆる「明治維新」は確かに大きな政治的なイベントではあり

ました が、経済の世界では依然として「江戸時代」が続いていました。

経済の面における次なる変化は、先ほど説明した1871（明治4）年の「新貨幣条例」と、もう一つは「廃藩置県」です。廃藩置県とは藩を廃止して県を設置し、幕藩体制を文字通り解体する政治的な政策であると同時に、藩の抱えている借金を最終的に処理する経済的な政策でもあります。

よく、政府債務を家計に喩える人がいますが、もしその通りにこれをやったとすると大変おかしな家庭ができ上がります。

まず、その家の稼ぎ頭であるお父さんは永久に死なないばかりか、いつまでも若くて元気に働けます。お父さんの職業は近所に住んでいる人にたかってお金を巻き上げること（徴税権）です。

また、お母さんは偽札作りの名人（通貨発行権）で、本物そっくりの紙幣をいくらでも刷ることができます。もちろん、こんな家庭は現実には存在しません。よって、政府債務を家計に喩えるのには無理があります。

ところが、廃藩置県は文字通り藩が廃止されるため、永遠に死なないはずのお父さんが死んでしまうという想定外の事態を発生させてしまうのです。

通常、政府は無限に生き続けることを前提に債務の返済計画を立てています。そのため、藩が消滅することは債権者にとっては想定外の事態となるわけです。

新政府は結果的に各藩が負っていた借金の肩代わりをする羽目になりました。その概要は次の通りです。

（イ）天保一四年（１８４３）以前および年号不明のものを旧債、
（ロ）天保一五年から慶応三年（１８６７）までのものを中債、
（ハ）明治元年から明治五年（１８７２）までのものを新債、
とし、このうち旧債は破棄して中債と新債とを明治政府で引き受けて返済しようというのである。

このときそれぞれの債務残高は、
（イ）旧債　約一二〇〇万両
（ロ）中債　約一一〇〇万両
（ハ）新債　約一三〇〇万両
となっている。

幕府の年収が一二〇万両といわれているので、これと比べてみても諸藩の債務の大きさがわかろうというものである。（幕府の債務はこの中には入っていない　※筆者注）

（出典：大石慎三郎『江戸時代』中公新書）

「一所懸命」の戦国大名の末裔《まつえい》である諸藩の藩主たちは、なぜこんなに簡単に領地を手放してしまったのでしょうか。その理由は廃藩置県の少し前、1869（明治2）年6月に行われた「版籍奉還」にあります。

版籍奉還とは、大名たちが所領と領民を朝廷に返すというものですが、実際には大名たちの抵抗にあってなかなか進みませんでした。しかし、中央集権国家をつくるうえでは、所領の返上は必須だったので様々なアメが用意されました。

一番大きなアメは「禄制改革」です。大石慎三郎氏が非常にコンパクトでわかりやすく説明していますので再び引用します。

禄制改革によって、旧藩主は旧領地の石高（表石高ではない小物成等諸雑税も含めた現石）の10パーセントを家禄として支給されることになっている。旧幕時代藩主は領内から表石高の約40パーセント前後の年貢を領民から取り立てているが、この年貢は領内の治水・土木費からはじまって行政費、さらに蔵米取藩士の給与にまで当てられるので、領主の私経済に向けられるのはとうてい表石高の10パーセントに達したとは考えられない。

したがって、現石の10パーセントの家禄を保証されたうえ、旧債一切を明治政府が引き受けてくれたということは、領主権の喪失にひきかえても、なお維新変革は領主たちにとって笑顔でむかえいれるべき慶事であったということになる。領主階級は維新変革による被害者ではなく利得者なのである。（大石慎三郎『江戸時代』中公新書）

「明治維新」が必要だった本当の理由

このように見てくると、明治初期は江戸時代後期と何ら変わらない暮らしが続いていたことがわかります。

また、江戸時代後期の日本はすでに農民が国民全体の8割を占める遅れた農業国ではありません。百姓（農民とは限らない）が市場動向を見ながら儲かる作物や商品を作り、廻船問屋がそれを運び、都市の人がそれを消費する、現在の日本と基本的に変わらない「資本主義の国」でした。

私たちが歴史の授業で習った「文明開化」というのは、ちょんまげの廃止とか、洋服の着用といった表面的な部分だけを扱いますが、実は経済システムという根本の部分についてはまったく触れられていなかったのです。

　ここまでくると、明治維新は何のためにやったのかわからなくなります。そもそも、経済政策という点で見る限り、明治維新以降実施された政策は、江戸幕府でもやろうと思えばやれた政策ばかりです。貨幣制度の安定と、金本位制への対応については、万延小判によってほぼ解決していました。地租改正も新政府でなければできない政策ではありませんでした。

　しかし、「できたかもしれない」ことと実際に「やる」ことの間には越えられない壁があります。

　幕藩体制というのは、8代・将軍吉宗ですら石高制を廃止しようとは夢にも思わず、田沼意次ほどの実力者でも全国課税に失敗するぐらい強固なものでした。体制の根幹にかかわる事項に手を突っ込めば、たちまち大名たちから「聞いてない！」と反発が出ます。そして、タイミングを計っていずれ失脚させられてしまう。この繰り返しこそ江戸時代の歴史でした。

　だから、一会桑のエスタブリッシュメントが政治に関わり続ける限り、きっと再び生ぬるい現状維持バイアスに流され、揺り戻しが起こっていたことでしょう。そんなことで西欧列強から独立を保つことはできたでしょうか。

江戸時代の百姓（農民とは限らない）は激しい国内競争を経て、世界に通用する経済システムを発達させていました。ところが、政治の世界はずっと「関ヶ原の足枷」を引きずる遅れた世界でした。

もちろん、それを乗り越えようとした人は何人もいます。荻原重秀、徳川吉宗、大岡忠相、田沼意次、水野忠成など、改革がいい線まで進んだこともありました。しかし、度重なるチャレンジはいずれも途中で立ち消えになり、秀吉のイケイケドンドン路線を否定したあの関ヶ原的なナァナァに戻ってしまいました。

極めて強い経済的なポテンシャルがあったにもかかわらず、政治がそれを生かせず、国防力を強化することができなかったのです。

明治維新が必要だった理由は、まさにここにあります。

西欧列強による帝国主義がアジアを席巻する中で、いつまでも「関ヶ原の論功行賞」に捉われている政治体制を一新しなければなりませんでした。いくら経済が強くてもそれを生かす政治がなければ国を守り抜くことはできません。

もし幕府にその気があったならば、安政の開国よりもずっと前の吉宗時代や意次時代にそのチャンスはいくらでもありました。しかし、幕閣たちは自ら発展の芽を摘み取り、愚かな揺り戻しを繰り返しました。新井白石と松平定信の犯した失敗は幕府にとって致命的だったと言ってもいいでしょう。

薩長同盟と戊辰戦争によって、「関ヶ原の論功行賞」への揺り戻しへの道は完全に断たれました。これこそが明治維新の意義です。

一会桑の唱える公武合体では、結局揺り戻しのリスクは排除できない。長州は直感的にそれに気づき「気合い（狂気）」で国を変えようとし、薩摩は持ち前の「リアリズム」によって途中でそれに気づき、一会桑から寝返ったと私は推測します。

日本はまさに「気合い（狂気）」と「リアリズム」によって西欧列強に立ち向かい、植民地になることを免れて独立を保ったのです。

もちろん、それを支えたのが江戸時代を通じて発達した強い経済であったことは、ここまでお読みいただいた読者のみなさんにはもうおわかりだとは思います。

さて、明治新政府設立当初の混乱はあったものの、この後日本は資本主義の強国として国際政治の表舞台に躍り出ます。しかし、そこには大きな罠も待ち受けていました。

そこでいったい何が起こったのか。これについては拙書『経済で読み解く　大東亜戦争』をぜひお読みください。

あとがき　～「江戸幕府滅亡」から学ぶべきもの

いま、最後の原稿チェックを終わって、この「あとがき」を書いております。最後の最後に重大なことに気が付きました。この本は確か『経済で読み解く 明治維新』というタイトルでしたよね。しかし、残念ながら「明治維新」の話はあまり書いていないんです。スミマセン、またやってしまいました!!

去年出版した『経済で読み解く 大東亜戦争』では、「大東亜戦争」そのものについてはおそらく1割も書いていません。8割が明治維新から開戦直前までの経済の話、残り1割が戦後の話でした。一度ならず二度までも! 本当に、申し訳ありません。たぶん、『こんなにすごいぞ、江戸時代』というタイトルにしたほうが良かったかもしれません――。

でも、一言だけ言い訳させてください。「明治維新を経済で読み解く」という企画をいただいたとき、「明治維新が起こった理由を経済で読み解く」と解釈したんです。それは間違っていないですよね。だとしたら、その原因を調べるにはやはり歴史をさかのぼるしかありません。

ただ、問題があるとするなら、江戸時代の経済について調べれば調べるほどあまりに面白くて、筆者である私がそれにのめり込んでしまったことです。

マクロ経済政策として行われた貨幣の改鋳、全国各地の産品を消費地に運ぶ巨大物流網、資金決済システムとしての金銀複本位制、先進的なローンや保険の仕組みなど、現代にもつながるありとあらゆる経済やビジネスのシステムを日本人は独力で開発し、運営しました。

いや、むしろ管理通貨制に近い貨幣システムやマーケットオリエンテッドな農民たちなど、当時の西欧列強諸国に比べてもずっと日本のほうが高度な資本主義経済をやっていました。ある程度は予想していたことですが、その実態を知れば知るほど、本当に驚きました。

高度に発達した経済のバックボーンによって、人々の生活は飛躍的に豊かになりました。いま私たちが日本の伝統文化だととらえているもの、これらの大半は江戸時代に生まれたものです。本書でも取り上げた、年中行事、特産品、工芸品、地酒、調味料、和食、和菓子など、ありとあらゆる「和風」は江戸時代の経済発展によってもたらされました。

どうも、歴史教科書に書いてあったことは嘘だったようです。江戸時代は暗黒時代でもなければ、（世界的にみても）日本が遅れた農業国だったわけでもありませんでした。

しかし、そこまで高度な経済システムを発達させたにもかかわらず、江戸幕府は結局滅びてしまいました。２６０年間も続いたにもかかわらず、自らを時代の変化に合わせて変えることができなかったからです。自業自得と言えばそれまでですが、これはとても残念なことです。

もし江戸幕府に変わるチャンスがあったとしたら、いったいそれはいつだったでしょうか。私は徳川吉宗の享保の改革路線とその後に続く田沼意次時代にもっと多くのことをやっておくべきだったと思っています。

最大の問題は、吉宗が当初あまり金融政策に理解がなかったことです。大岡忠相が何度も貨幣の改鋳（金融緩和）を進言したにもかかわらず、聞き入れませんでした。結局20年も経って、万策尽きてからやっとこのアドバイスに従ったというのは本文に書いた通りです。

もし、吉宗が貨幣の重要性を最初からわかっていれば、享保の改革は3年程度で大成功していたはずです。仮に、1720（享保5）年頃に「享保の改鋳」が行われて幕府の財政問題が解決していたら、吉宗の在任期間の残り25年を幕藩体制の改革や貿易の自由化に費やすことができました。

財政再建を成し遂げた強い将軍のリーダーシップによって、安政の開国ならぬ、「享保の開国」が実現していたかもしれません（そもそも、吉宗は適地適産政策によって養蚕業を奨励し、日本の生糸の生産を飛躍的に向上させた張本人です。安政の開国以降、日本の絹が海外向けに爆発的に売れた原因は、なんとこの「暴れん坊将軍」の政策にあったのです）。

例えば、長崎の出島でオランダと支那しか許されなかった貿易を、イギリスやスペインなどにも段階的に再解禁することもできたでしょう。絹という強力な輸出産品を持っていれば、貿易によって大きな利益が上がったに違いありません。

そこで得た富を使って、西洋から新型の銃や大砲を購入しておくべきでした。種子島に鉄砲が伝来し、その翌年にはリバースエンジニアリングによって国産の銃が開発されたように、おそらくそれらの多くは国産化することができたでしょう。

また、鎖国によって遠洋航海に適した甲板のある船が禁止されましたが、「享保の開国」が実現していたらこれも再度解禁する可能性がありました。本文でも取り上げた通り、銭屋五兵衛などの大商人はとっくに禁を破って外国と交易していたわけですから、これを大々的に認めて経済成長をより加速させておけばよかったのです。もちろん、甲板のある大型船は軍艦にも転用可能です。よって、こういった船をたくさん建造させることで民間の造船技術の進歩のみならず、国防にも寄与したはずです。

蒸気機関が発明されるのは１７６９（明和６）年、世界最初の蒸気船がフランスで作られたのは１７８８（天明８）年ですから、帆船であっても１７２０年代に日本が大型船建造を解禁していたら東アジア地域の勢力図を塗り替えられていたことでしょう。もちろん、新型武器で武装された大型軍艦があれば、外国船がやってきても物理的に追い払うことができました。１８０８（文化５）年のフェートン号事件のような失態はなかったかもしれません。

実は、日本が持っている経済力を生かせば、18世紀の時点で日本（江戸幕府）が東アジア屈指の「大名」となることなど容易《たやす》いことだったのです。また、もしそれを実現していれば、関ヶ原のときにやり残した宿題、つまり３００諸侯を平定し、真に徳川家が天下を取ることも可能であったと思います。吉宗は自分の力で関ヶ原以降のナァナァの関係を終わらせておくべきでした。

そもそも、吉宗は武力を実際に使わなくても、武力による威嚇《いかく》と大名たちの財政的な困窮を利用して、天下を平定することは可能だったと思われます。本文にあった岩村田藩の例を思い出してください。大名貸に頼って徴税権まで担保に差し出した事例です。

そこまでいかなくても、18世紀中頃には大抵の藩が多額の債務に苦しんでいました。江戸幕府は債務の返済に窮した大名を救済せず、土地の権利は債権者に譲渡させて大名を追い出してしまえばよかったのです。

そして、大名を追い出した後は、新型武器で武装した強力な陸軍をその土地に派遣します。大名の家来たちは幕府軍に編入し、さらに軍備を強化します。こうすることで、武力による威嚇力はさらに向上します。これを繰り返していけば、18世紀の終わり頃には江戸幕府による「上からの維新」は達成できていたと思います。

江戸幕府が生きながらえることができたとしたら、やはり18世紀の時点で自ら変わらねばならなかったのです。政治を支える人材も、経済的な発展もそれを達成するには十分でした。しかし、吉宗があまりにも金融政策を軽視したことが、あらゆる意味で「遅延」につながってしまいました。

もちろん、これは後知恵に過ぎませんし、歴史に「もし」は禁物です。実際のところ吉宗は金融政策のサポートなしに財政政策や制度改革ばかり行い、20年を浪費してしまいました。さらに言えば、吉宗は石高制の維持こそが重要と考えていたようで、その経済政策は米価を上昇させること、年貢を正確に徴収することと言った極めて狭いところにフォーカスしていました。大変残念なことに、「暴れん坊将軍」の頭の中には世界地図が入っていなかったようです。

しかし、私がここで述べたような「もし」は後に田沼意次が実際にやったこと、そして、やろうとしたことに過ぎません。意次は貿易を盛んにし、北方警備の強化のために蝦夷地に探検隊を送ったり、実際に開発に取り組んだりしました。蘭学を広めて西洋の知識も積極的に取り入れようとしたのも意次です。意次は吉宗よりは1世代後の人間ですが、まさに世界地図が頭に入っていました。

ところが大変残念なことに、1786（天明6）年に意次の後ろ盾である10代将軍・家治が死去してしまいました。意次の失脚によって、江戸幕府のラストチャンスも潰《つい》えたのです。

もし、田沼意次時代が続いていたらペリーの来航もなかったでしょう。ひょっとしたらペリー艦隊は浦賀沖に到達する前に幕府艦隊によって全滅させられていたかもしれません。ペリーさえ来なければ、不平等条約もなく、長州がいくら騒いでも幕府に力でねじ伏せられ、リアリストの薩摩は一会桑から寝返ることもなかったでしょう。そうなれば、明治維新も起こりません。さらに、強力な日本を前にして西欧列強は戦うよりも同盟を求めたかもしれません。

しかし、ラストチャンスは失われました。残念ながらあの田沼意次をもってしても、〝関ヶ原の呪い〟には勝てなかったのです。意次が失脚してから、江戸幕府は自力で西欧列強と対抗する力を急速に失いました。そこにあったのは関ヶ原から続くナァナァの精神、決断できないダメな政治です。

私たちは江戸幕府の滅亡から何を学ぶことができるでしょうか。

読者のみなさまにおかれましてはぜひこの点についてお考えいただきたいと思います。私たちの住む、日本という「世界で一番古い国」が、今後も生き残っていくために。

平成二八年弥生

上念 司

主要参考文献

『新しい社会　歴史〈平成26年度版〉東京書籍（２０１４）
伊東雅俊、網野善彦、斎藤善之『「商い」から見た日本史』ＰＨＰ研究所（２０００）
佐藤雅美『歴史に学ぶ―「執念」の財政改革』集英社文庫（１９９９）
佐藤雅美『将軍たちの金庫番』新潮文庫（２００８）
佐藤雅美『調所笑左衛門　薩摩藩経済官僚』学陽書房人物文庫（２００１）
西川俊作『数量経済史の原典―近代移行期の長州経済』慶應義塾大学出版会（２０１３）
西川俊作『長州の経済構造　１８４０年代の見取り図』東洋経済新報社（２０１２）
斎藤修『プロト工業化の時代』岩波書店（２０１３）
斎藤修『新版　比較史の遠近法』書籍工房早山（２０１５）
石井寛治『日本経済史　第2版』東京大学出版会（１９７６）
倉山満『嘘だらけの日米近現代史』扶桑社（２０１２）
倉山満『嘘だらけの日露近現代史』扶桑社（２０１５）
大石慎三郎『江戸時代』中公新書（１９７７）
大石慎三郎『江戸大名　知れば知るほど』実業之日本社（１９９８）

大石慎三郎『将軍と側用人の政治』講談社現代新書（1995）
大石慎三郎『田沼意次の時代』岩波書店（2001）
佐藤常雄、大石慎三郎『貧農史観を見直す』講談社現代新書（1995）
斎藤洋一、大石慎三郎『身分差別社会の真実』講談社現代新書（1995）
知野文哉『「坂本龍馬」の誕生　船中八策と坂崎紫瀾』人文書院（2013）
中沢弁次郎『日本米価変動史』柏書房（1932）※復刻版は2001年
飯田泰之、春日太一『エドノミクス―歴史と時代劇で今を知る』扶桑社（2014）
落合弘樹『秩禄処分　明治維新と武士のリストラ』中公新書（1999）
村井淳志『勘定奉行荻原重秀の生涯―新井白石が嫉妬した天才経済官僚』集英社新書（2007）
司馬遼太郎『竜馬がゆく』文春文庫（1975）
津本陽『虎狼は空に――小説新選組』文春文庫（1989）
原田伊織『明治維新という過ち～日本を滅ぼした吉田松陰と長州テロリスト』毎日ワンズ（2015）
井上勝生『幕末・維新～シリーズ日本近現代史①』岩波新書（2006）

◎**著者略歴**

上念司（じょうねん・つかさ）

1969年、東京都生まれ。中央大学法学部法律学科卒業。在学中は1901年創立の弁論部・辞達学会に所属。日本長期信用銀行、臨海セミナーを経て独立。2007年、経済評論家・勝間和代と株式会社「監査と分析」を設立。取締役・共同事業パートナーに就任（現在は代表取締役）。2010年、米国イェール大学経済学部の浜田宏一教授に師事し、薫陶を受ける。金融、財政、外交、防衛問題に精通し、積極的な評論、著述活動を展開している。
著書に、『国土と安全は経済で買える』（扶桑社）、『地方は消滅しない！』（宝島社）、『高学歴社員が組織を滅ぼす』（PHP研究所）、『経済で読み解く 大東亜戦争』（小社）他多数。

経済で読み解く 明治維新

江戸の発展と維新成功の謎を「経済の掟」で解明する

2016年4月20日　初版第1刷発行
2017年3月10日　初版第4刷発行

著　者　上念司
発行者　栗原武夫
発行所　KKベストセラーズ
〒170-8457
東京都豊島区南大塚2-29-7
電話 03-5976-9121
http://www.kk-bestsellers.com/

印刷所　錦明印刷株式会社
製本所　株式会社積信堂
ＤＴＰ　株式会社オノ・エーワン
装　幀　神長文夫＋柏田幸子

定価はカバーに表示してあります。
乱丁、落丁本がございましたら、お取り替えいたします。

ISBN 978-4-584-13723-9　C0030